Topos plus **Taschenbücher**
Band 336

Romano Guardini

Italienische Reisen

Meditationen zu Landschaften

Auswahl der Texte: Jakob Laubach

Topos plus Taschenbücher

Topos plus **Verlagsgemeinschaft**

Die Mitglieder der Verlagsgruppe Engagement:
Butzon & Bercker -Kevelaer | Don Bosco -München | Echter -Würzburg
Lahn-Verlag -Limburg | Matthias-Grünewald-Verlag -Mainz
Paulusverlag -Freiburg Schweiz | Friedrich Pustet -Regensburg
Styria -Graz Wien Köln | Tyrolia -Innsbruck Wien

verlags gruppe engagement

Die Deutsche Bibliothek – CIP-Einheitsaufnahme
Ein Titeldatensatz für diese Publikation ist bei
Der Deutschen Bibliothek erhältlich

Einband- und Reihengestaltung:
home.made designarbeit -Essen
Satz/DTP: Manfred Werkmeister, Mainz
Druck und Bindung: Pustet, Regensburg
Printed in Germany

Topos plus – Bestellnummer: 3-7867-8336-5

Inhalt

Tagebuch: Im Engadin

Unbändig war der Morgen. Gewalt von Herrlichkeit stand in der Welt. Wie habe ich begriffen, daß die Schönheit »hervorbricht gleich Heeressäulen«! Aus den dunkel leuchtenden Gestalten der Berge, aus jeglichem Ding im Wunder dieses Lichtes fiel sie das Herz an.

Die Sonne stand in der Höhe und – doch es gibt in der deutschen Sprache kein Wort dafür. *Sfolgorava,* sagt das Italienische. Sie ging in Blitzen. Sie war ein Ausbruch von langen, einander sengend durchfaltenden Strahlenblitzen. Das war die Sonne, die ein erschreckendes Geheimnis, tötende Herrlichkeit ist. Unter den Zeichnungen van Goghs gibt es eine von Saintes-Maries aus dem Jahre 1888. Sie zeigt auf einem Hügel eine Stadt; von ihr her zum Betrachtenden gehen Weinberge; der Himmel darüber ist ganz erfüllt von einer riesenhaft glastenden Sonne. So war es, und ich habe begriffen, wie der Mensch erschrocken und jubelnd in dieser Sonne Unirdisches erblickt und anbetet.

Es gibt mancherlei Weisen, Raum und Weite zu spüren. So vor der Ebene, wenn Baum und Haus und alles Menschenwesen sich nur wie kleine Anhäufungen erheben, und über allem der große Himmel steht; in ihm vielleicht aufgetürmte Wolken, wie Ruysdael sie gemalt hat. Oder vor dem Meere, mit seiner ungeheuren, leise nach hinten sich krümmenden Fläche, und über ihm die leere Höhe.

Mir kommt Raum und Weite am stärksten zu Gefühl, wenn ich hier an der einen Seite dieser Bergtäler sitze. Der Hang gleitet hinab; erreicht die Sohle drunten, wo milchweiß der Bach braust; dann geht es wieder hinauf, hinüber. Zwischen mir und dem Hang dort auf der anderen Seite aber spannt sich der Raum. Ich spüre ihn, ermesse ihn, und er wird von dem fortgehenden Rauschen gefüllt.

Zu denken, daß es etwas gibt, was geschieht, und immerfort geschieht, Tag um Tag, Jahr um Jahr, Jahrhundert um Jahrhundert! Immerfort geht das große Rauschen hin, in dessen innerster Kammer ein Donnern ist. Immerfort fällt der Schnee; immerfort baut sich der Gletscher auf; immerfort strömen aus seinen Pforten die milchweißen Rinnsale.

Die Sonne stand in der Höhe, und ihre Strahlen strömten über die Hänge am Wege. Die hatten ein Grün wie lauter Edelstein. Darin waren Enziane mit ihrem finsteren Blau; glorreich leuchtende Glockenblumen; Alpenrosen, rot gehäuft und goldene Bergsterne, strahlend wie Kinder des großen Gestirns. Nun weiß ich, warum in Franz Marcs Aquarellen die Farben so von aller nächsten Gestalt gelöst sind! Wenn aus einer Ritze der Steinwand eine solche Glockenblumenfamilie herunternickt, die wie aus Seide geschnittenen Kelche ganz von blauem Leuchten gefüllt, dann bleibt die Farbe nicht mehr an die unmittelbar tragende Gestalt gebunden; sie erhebt sich, waltet frei durch den Ort, bestimmt die Formen ringsumher, Felsplatten und Lufträume, und füllt deren fremde Umrisse mit ihrer entfesselten Herrlichkeit.

Die große Stille! Sie waltet feierlich durch die weiten Räume. Ganz fern rauschen die fallenden Wasser, und ihr Rauschen ist der Stille Thron. Sie ist ein Wesen, ist eine Macht, und das Herz erkennt sie.

In der Frühe ging ich das Fextal hinunter, das Flußtal entlang. Ringsum hörte man keinen Laut. Nur das Wasser lief und rauschte. Rauschte – das Wort ist so schnell fertig. War nicht eine ganze Welt darin? Klänge verschiedenster Art? Höhen, Räume, Untergründe? Vielförmig und vielräumig war es. Helles, spritzendes Brausen obenauf, tiefes Rauschen darunter, ein dunkles Donnern im Innern. Da, auf einmal … hat es nicht geläutet? Ich gehe den Weg hin, hart am Wasser. Das Wasser läuft mit ... Ja doch, Glocken! Eine, noch eine, immer mehr. Helle; dunkeltiefe. Da, es ruft doch!

Stimmen, ganz laut. . . Was ist das? Ich gebe frei, was da waltet, um mich her, in mir, und ein Wesen erhebt sich. Wassergeister, Glocken der Tiefe. . . Die Märchen sind nicht tot!

Wenn das Licht vorn auf die Berge trifft, dann macht es sie blaß, und sie verlieren in der Helle ihre Gestalt. Kommt es aber vom Rücken her über ihre Schultern nieder, oder die Sonne steht zur Seite und strahlt an ihre Flanken, dann ist auf ihnen Leuchten und Dunkel zugleich. Dann tritt jede Fläche hervor; jede Stufung, jede Treppe hebt sich klar geformt heraus; Falten und Risse sinken tief ein; alle Kanten, alle Zacken werden scharf – so scharf und zackig und kantig, daß man die herrliche Härte zu fühlen meint.

Einmal habe ich erlebt, was die Paßhöhe ist, auf einer Fahrt über den Albula, zwischen Samaden und Tiefenkastel. Wir kommen aus bewohnter, menschengepflegter Welt. Dann geht es höher. Immer karger wird es ringsum, immer spärlicher der Wuchs, nackter der Fels, bloßer die Gestalten. Immer größer die Formen und immer einsamer – bis zur Höhe. Dort aber ist alles, als sei es von höheren Wesen bewohnt. Alles ist hart, groß, klar und zugleich von unaussprechlicher Feinheit der Linien.

Dann kommt der kurze Schritt hinüber. Gleich senkt die Straße sich wieder. Vereinzelt erheben sich niedrige Bäume. Bald werden es ihrer mehr. Sie recken sich; der Wuchs wird breiter. Wohnungen tauchen auf. Wir sind wieder in Menschenland.

Dies ist der Paß: Du kommst von unten her, aus Menschenland. Du gehst hinab in Menschenland. Dazwischen aber, ganz kurze Zeit, ist etwas Anderes. Da, auf dem Scheitel der Höhe, durchschreitest Du ganz kurz einen anderen Bereich... Und es wurde in mir etwas angerührt, von dem ich lange nicht wußte, daß es in mir lebe – nicht, bis zu dem Tage, da ich zum erstenmal fühlen durfte, was »Rom« sei – als hoch über den Scheitel des Passes ein Adler herflog.

Am späten Nachmittag kommt eine Stunde, die alles verwandelt. Das Licht ist voll, aber es scheint nicht mehr zu strahlen, vielmehr seine scharf bestimmten Bahnen aufzugeben und sich durch den Raum auszubreiten. Es ist, als ströme es um die Dinge, durchströme sie. Die Bäume stehen wie gebadet in Helle, klar und ohne Laut. Die Berge scheinen durchsichtig, als seien sie aus Amethyst. Schimmernd heben sich die weißen Flächen der Häuser gegen den zartblauen Himmel ab, daß man sich, ein wenig verlegen durch die Romantik des Vergleichs, an Säulen und Tempelwände gemahnt fühlt.

Es ist, als höre der Stoff auf, nur Stoff zu sein; als gewinne der Geist Gestalt, daß er geschaut werden kann. Es kommt einem nahe, was wohl das Wort »Verklärung« meint; jenes Wort, in welches südliches Christentum seine ganze Erlösungszuversicht gegossen hat. Stoff und Geist stehen da nicht unvermittelt nebeneinander, sondern es gibt etwas, das eine Brücke zwischen ihnen bildet, das Licht. Das Licht ist körperlich und doch dem Geiste verwandt. Es ist kein »Vergleich«, sondern Wahrheit einfachhin, wenn manche geistliche Erlebnisse als Lichterfahrungen beschrieben werden, oder wenn das Johannesevangelium geradezu sagt: »Gott ist Licht«. Als »Licht« aber vermag der Geist den Körper zu durchdringen. Er wird durchgeisteter Körper, Leib. Verklärung aber – sie ist Gnade, man wird ihrer nur im Glauben gewiß, kann sie nur hoffend auf Gottes Verheißung erwarten, sicher; und dennoch bedeutet sie auch eine letzte *perfectio naturae;* eine Vollendung der Natur eben durch die Gnade. Verklärung ist die Erfüllung dessen, was »Leib« heißt. In solchen Spätnachmittagsstunden schaut man wie ein Unterpfand dieser Hoffnung.

Das Tal steigt langsam gegen die Höhe. In breiter Wiege schwingen sich die Hänge von einer Seite zur anderen. Droben, zwischen den scharfen Zacken gelagert, streckt sich matt blinkend der Gletscher.

Es ist spät am Abend. Ganz still; denn das Rauschen des Wassers, das vom Gletscher kommt, und alles füllt, ist selbst ein Stück Stille. Wir sitzen und lesen. Draußen wird es dunkel. Aus irgend einem Anlaß stehe ich auf. Der Mond müßte bald aufgehen. Ich trete auf den Balkon, und es ist schon etwas, was mich die Anderen rufen und uns verstummen läßt! Droben, am Gipfel des Piz Tremoggia, der den Gletscher zur Linken einfaßt, weht schräg ein Lichtgebilde hinauf. In seinem Kern ist eine fahlgelbe Flamme, auf der sich die Kante des Felsens scharf abzeichnet. Um die Flamme sprüht es schwefelblau, und weiter hinaus weht in den dunklen Raum der Nacht ein blaßweißes Lichtgefaser. Hoch über dem Gipfel aber steht der Abendstern und funkelt, funkelt!

Urweltmächte scheinen zu walten. Der fahle Flammenkern wächst; sein kaltes Brennen wird tiefer; die Bläue sprüht immer magischer um ihn her. Der Stern droben funkelt eisig. Nichts Lebendiges ist in alledem. Nichts von der warmen Farbe des Blutes. Die großen Körper der Berge ragen wartend.

Die Hänge des Tals rechts werden heller. Ein Licht, dessen Quelle wir noch nicht sehen, wirft sich auf sie, hebt die überall verstreuten Blöcke heraus, gräbt dunkle Winkel und Falten, unterlegt jede Gestalt mit tiefen Schatten. Das Zauberwesen droben am Gipfel aber wächst immer weiter hinaus, bis auf einmal an der Kante des Felsens mit eiskaltem Licht die Schneide des Mondes herausbeißt. Sie wird größer, und ungeheure Helle gießt sich ins Tal. Der Mond steigt immer höher, löst sich vom Berge, schwimmt hinaus, nimmt das Zaubergewirk mit, das wehend sich umformt – dann steht er hoch über dem Tal, rund, ungeheuer. Um ihn liegen gewaltige Ringe, fahlblau der innere, von blassem Weiß der äußere, im finsteren Purpur des Himmels.

Wir kamen von Pontresina her; durch die Kreuzung der drei Täler, wo sich die Winde treffen, und auf dem Hügel die schöne alte Kirche mit dem zerfallenen Turm steht. Dort vorbei nach Celerina mit seinen hübschen alten Häusern, die so eigenwillig sich verschiebende Wandflächen haben und nach innen eingeschrägte Fensteröffnungen, gleich großen Schießscharten, so daß sie wie Festungen der Behaglichkeit aussehen. Dann durch das wimmelnde St. Moritz, voll Müßiggang und Eitelkeiten; über Champfèr, am wundervollen See von Silvaplana hin, wo der Bereich von Sils Maria beginnt. Es gibt wohl dergleichen nicht zum zweiten Mal wie die Täler von Sils Maria und der Fex, die mit ihrer stillen Größe etwas Klassisches haben. Freilich wird die Schönheit nicht mehr lange dauern, denn alles, was geschehen kann, um sie zu zerstören, geschieht. Dann kam Maloja, und es ging dem Bergell zu. Schon auf der Paßhöhe veränderte sich das Bild der Berge. Nach der maßvollen Klarheit des Silser Tales drang auf einmal etwas Heftiges, Üppiges, Romantisches vor. Wir überschritten den Paß, und die Straße warf sich in kühnen Wendungen das Tal hinab. Es war kurz nach Mittag. Ich kann nicht sagen, welch eine Welt dunkel leuchtender Farben, welch eine Gewalt leidenschaftlicher Formen einen da ansprang! Die Grate zerzackt; überall stechende Spitzen, schmale Türme, wie auf den Bergen in Grünewalds Gespräch des heiligen Paulus und Antonius. Und Farben, Farben! Matten waren da, die von grünem Gold schimmerten. Andere leuchteten in einem finsteren Grün, aus dessen Grund tiefes Violett oder sanftes Braun heraufkam. Die Steinwände waren Symphonien von Grau, mit aller Herrlichkeit rosenroter, grüner, brauner, goldener Töne erfüllt. Das Gedicht von Gottfried Keller kam mir: »Augen, meine lieben Fensterlein…«, und ich war nur Auge und schaute mit allen Kräften.

Eine rasche Verwandlung ging mit der Natur vor sich. Die Luft wurde milder, immer mehr. Wie es durch Vicosoprano ging, durch Bregaglia, und wie die Orte alle hießen, fühlte man Italien heraufdringen. Tannen und Lärchen reckten sich und traten auseinander. Ihre Gestalt entfaltete sich in freier Kraft. Da war kein »Wald« mehr, wo die einzelnen Bäume in einem großen Gesamt aufgehen, sondern eine Versammlung schöner Wesen, deren jedes frei für sich stand.

Hinter Bregaglia ging es in den Kastanienwald von Soglio hinauf. Ich wußte nicht, wie mir war. Ich schaute und schaute. Ich war glücklich und traurig und reich und voll Sehnsucht. O die Bäume, die edlen Geschöpfe! Mit ihren wundervollen Stämmen, mit ihren Kronen. Bald griffen sie in den Raum und formten kleine Welten aus ihm heraus; bald schossen sie empor wie Säulen, wie Springbrunnen lebendiger Herrlichkeit; bald schoben sie sich phantastisch hingetrieben durch die Luft. Und über allem das klare Licht des Hochgebirges!

Dann kamen wir im kleinen Bergnest Soglio an; gingen durch die engen Gassen, in denen alles, Haus und Scheune, Stein und Balken, so fest und reinlich war. Jedes nur einmal, wie es an die Stelle hingehörte; so durchaus gebaut und gefügt, daß man das gute Werk in den Händen zu spüren meinte. Wir gelangten vor das alte Schloß der Salis-Soglio, in dem nun eine Pension ist; sahen uns darin um und schauten aus den Fenstern des ersten Stockes auf den lieben, kleinen Platz des Ortes hinab.

Dort, neben einer strickenden Frau, spielten drei Katzen. Die eine war dunkelgrau mit weißer Brust; die andere braun, mit goldenen Streifen wie ein kleiner Tiger; die dritte rötlich. Ihr Kopf war ganz klein und ihr Körper sehr lang, wie bei ägyptischen Katzenbildern. Noch nie hatte ich eine solche Bewegung gesehen. Die eine streckte sich lang, mit aufgerichtetem Kopf und vorgelegten Vorderpfoten auf dem Boden hin, wie es sonst nur Hunde tun; die andere stützte sich mit den Vorderfüßen auf einen Stein auf und schaute schlank erhoben herab. Dann spielten sie miteinander, mit einer unsäglichen Anmut, hinter welcher man die böse Kraft des Raubtieres spürte. Am schönsten aber war die ganz graue. Als wir weggingen, lag sie weitausgestreckt auf der Bank. Das rötliche Fell war wie Seide. Das feine Näschen dunkelgrau und die Augen grün wie Smaragd.

Die Rückfahrt durch das Tal geschah in der Zauberstunde des späten Nachmittags, der alle Dinge verwandelt … Und nun, da ich schreibe, liegt drüben der Roseg im zarten Weiß seines Gletschers, wie eine Majestät im breiten Hermelin; und darüber, im rosigen Blau des Himmels, steht die Sichel des Mondes. Von Minute zu Minute wird sie heller, und der Königsmantel des Berges schimmert in immer lichterer Kostbarkeit.

Tagebuch: Aus Oberitalien

Seltsam geht es oft den Augen im Süden. Es ist, als ob die Kraft der Formen, die in den Dingen drängt, dort erst richtig herauskönnte. Als ob sie sich streckten und ins Freie träten; als ob Innerlichkeiten offenbar würden, die im Norden verhalten bleiben. Jedes Gebilde löst sich vom Nachbar, tritt in eigenen Stand, bekommt Raum um sich. Die Körper werden schlanker und doch voller und fester; die Glieder feiner und stärker zugleich. Im Norden scheint alles noch irgendwie gebunden, verwoben, verworren, Knospe und Chaos in einem. Als ich gestern an blühendem Efeu vorbeikam, und es um ihn her schwärmte und orgelte, mußte ich mich vergewissern, daß es auch wirklich Bienen seien, diese glänzenden, starken, in ihrer Form gleichsam frei gewordenen Tiere. Oder wenn im Frühling die Primeln blühen, dann ist es, als hätten die Blüten jetzt erst ihre reine Gestalt gefunden. Blumenblatt löst sich von Blatt, wird breit, kraftvoll, und das Wesen ist wie freigesprochen.

Freilich geht dabei auch etwas verloren. Das Verhaltene, Verheißende; Jenes, das geahnt werden muß. Das Geheimnis – ein Geheimnis, muß es wohl heißen; denn es gibt ja auch das Geheimnis der Klarheit. Irgend ein Geheimnis wird abgestreift, das im Norden, von zarter Verhüllung behütet, um die Dinge lebt. Etwas wird klar; aber zugleich fühlt man, wie eine Scham fällt, und eine letzte Köstlichkeit vergeht.

Wie sich aus schlichter Gegenwart plötzlich Großes erheben kann... Wir waren an den Gardasee gefahren, nach Sirmione. Vor dem letzten Ende der Landzunge, die sich in das lichterfüllte Wasser hinausstreckt, waren wir abgestiegen und gingen nun links hinauf, an der kleinen, alten Kirche vorbei, dem Ufer zu. Sonnendurchglasteter Nachmittag.

Das Land, vor langer Zeit von Menschenhand bepflanzt, schien wieder in die Natur zurückgekehrt. Überall standen Ölbäume mit ihren schmalen, silbrigen Blättern. Ihre Stämme, phantastisch gekrümmt, waren oft so abgezehrt, daß man nicht wußte, wie sie noch standen und lebten. Der Boden war verbrannt, aber blühender Thymian bedeckte ihn. Die Luft zitterte von Hitze. Die Zikaden schrillten ihren Ton, den man nach einiger Zeit überhaupt nicht mehr vernimmt, weil er mit allem verschmilzt, was ringsum webt. Vom See her kam ein leiser Wind und trug Kühle, vom Duft des Thymians gewürzt, durch den hellheißen Raum.

Vorn aber, an der Spitze der Landzunge, ragten die Trümmer der mächtigen Mauern, auf denen einst Catull seine Villa gebaut hatte. Von ihnen sah man auf die zarten Gestalten der Berge hinüber und auf das Wasser hinab, das klar, wie ein noch nicht berührtes Element, in der Tiefe lag. Da war es wohl seltsam, wie meinem Gefährten und mir im gleichen Augenblick der Gedanke an Jenes kam, das doch ein Letztes ist: an Griechenland. Auf einmal stand es da, in seinem Licht und mit seinen verbrannten Bergen, und der Thymian duftete darüber hin.

Es gibt Stunden, in denen die Natur wie neu hervorzugehen scheint. Heute war es so. Am Vormittag hatte es geregnet, und es war mir leicht geworden, bei den Büchern zu bleiben. Am Nachmittag stand alles in reiner Klarheit. Die Bäume waren leuchtend grün, und so oft der Blick vom Papier weg auf ihre Gestalten fiel, traten sie schimmernder hervor. Dann kam sacht der Abend. Ich ging in den Garten und setzte mich nieder. Im Osten lag, lang und schmal, eine dunkle Wolkenbank in ganz reinem Himmel. An ihren beiden Enden erhob sich weiß Geballtes, und daran geschah ein freundliches Wunder. Sein Weiß wandelte sich in zartes, goldenes Rot. Das wurde immer leuchtender. Immer reichere Fülle schwellte die Gestalten. Das Rot wurde glühend und stand, wie Märchengebild undeutbar und doch zu verborgener Sehnsucht sprechend, im lichten Abendblau. Und nachdem der Sinn sich ermutigt hatte, alle inneren Einwände wegzutun, die vor romantischer Fragwürdigkeit warnten, ging ihm das Abendläuten glückbringend durch die Stille.

Dann verblaßte alles.

Ich erhob mich und ging durch den Garten. Alles war zart verwandelt. Der Himmel rosig blau, bereit, in tiefen Purpur zu sinken. Schmal und ganz hell hing die Mondsichel im Westen. In Feinheit, aber kraftvoll entschieden, standen die Gipfel der Bäume.

Und nun ist es Nacht. Die Sterne funkeln. Aus dem Dorf kommen die Lieder der Burschen und Mädchen, mit ihren immer in Traurigkeit absinkenden letzten Tönen.

Hier läuten sie anders als droben im Norden. Morgen ist Feiertag. Durch den ganzen Nachmittag tönen die Glokken, aber nie alle zusammen; immer schlägt jede für sich. Jede sitzt an einem Rad; darüber läuft das Seil, so bleibt sie ganz in der Hand dessen, der sie regiert.

Die Tongestalt jeder einzelnen Glocke ist für sich, und zwischen ihnen Raum der Stille. Nie geht die eine in die andere über. Es sind Ton-Perlen, Klangketten, keine Akkorde. Wenn sie so vom Kirchturm droben in Perledo durch das weite Tal, das sich nach dem See hin öffnet, herunterfallen, dann hat das etwas Edles und Reines, und man wird nicht müde, es zu hören.

In der Schule haben wir gehört: *lucus a non lucendo,* den alten Schulmeisterwitz. Davon habe der Hain = *lucus:* der Leuchtende – seinen Namen, daß es in ihm dunkel sei. Ob aber die Leute schon einmal einen gesehen haben?

Zum erstenmal bin ich ihm am Comer See begegnet. Ich war die Straße von Varenna nach Perledo hinaufgegangen, dann abgebogen und quer durch die Wiesenhänge gelaufen. Da kam ich auf einen mit Kastanien bestandenen Hang und sah mich überrascht um. Was war das doch, wenn man an die deutschen Wälder dachte? Kein »Wald«; die Bäume standen immer zwanzig Schritte und weiter voneinander getrennt. Die Äste des einen rührten kaum an die des nächsten. Auch gab es kein Unterholz; der Boden war frei. So standen die Stämme klar da. Die Kronen bildeten kein geschlossenes Dach. Jeder Zweig hatte freie Luft um sich, und Blatt lag sauber geordnet neben Blatt. Kein Glied legte sich über das andere; jedes hatte seine deutliche Gestalt.

Die Sonne aber füllte alles. Es war Schatten und doch überall Licht. Nichts von der geheimnis-tragenden Dunkelheit der Wälder im Norden; sonnenerfüllter Schatten. Jeder Baum wie vollgesogen von Sonne, Sonne überall, aber sanft gedämpft. Sonne, der das Glastende und Verbrennende genommen war. Das ist ein Hain.

Später sah ich Haine von Oliven, und wieder solche von Steineichen, und immer war's das Gleiche. Eine besondere Weise, wie ein Baum zum anderen steht, ohne ihn zu bedrängen, und seine Form sich frei aus sich selbst heraufhebt. Das Ganze voll von Licht und doch fein verschleiert.

Ganz weiter Raum vor mir; offener, abendlicher Himmel. Der Tag ist regnerisch gewesen. So stehen nach Osten hin große, hochgeschichtete Wolkenberge. Zarte Farben auf lichtblauem Grund; Grau vor allem, reichgetönt, rötlich, gelb. Ganz hoch droben aber, im blasseren Blau, ragt eine Kuppel, allein noch besonnt, und leuchtet golden. Wie ein Lächeln und eine Sehnsucht geht der Gedanke durch den Sinn: »Selig ist das!«

Kurz nur, ganz kurz. Bald ist alles vorbei, und bloß ein fein verschwimmendes Rot erinnert noch an die vorübergegangene Herrlichkeit.

Aber es war doch jenes, das »selig ist in ihm selbst«!

Es ist Abend geworden. Schlank stehen die schwarzen Stämme. Zwischen ihnen der mondschimmernde Raum. Großgeformt lasten die breiten Kronen der Pinien. Wie Pyramiden aufgebaut heben sich die Tannen in die lichte Weite des Himmels. Alles Kleine ist verschwunden.

Da läutet es, und schwer, dunkel, getragen von den tief schwingenden Untertönen, gehen Glockenschläge durch die Gestalten des Abends. Verschwistert alles. Still und groß.

Einmal habe ich das Wort vom »Übermaß der Sterne« gelesen. Heute ist sie mir nahegekommen, die Gewalt des Weltraumes und des unendlich gehäuften Funkelns. Da erschien die Milchstraße nicht, wie im Norden, als ein schimmernder Nebel, sondern war aufgelöst, leuchtender Staub, riesenhafte Zahl von Sternen. Und überall darin die großen Einzelnen; oft so groß, daß die Vorstellung des Weltkörpers vollziehbar wurde.

Ich ging durch den Garten; rings ragten die geformten Massen der Bäume in die stille Tiefe des Himmels, und zwischen den Ästen schaute, wie durch dunkles Gitterwerk, das glitzernde Unendliche herab. Übermaß von Welt!

Es gibt eine Schöpfung, die mir immer wieder als ein Letztes an Überwindung von Zweck und Nutzen, ein Letztes an freier Schönheit erscheint: die große Allee.

Wenn man von Verona über Land zum Gardasee fährt, kommt man an einem kleinen Ort vorbei; er heißt San Pietro – es ist noch ein Name dabei, ich erinnere mich nicht mehr. Da steht eine kleine Gruppe von Bauten. Ein Teil mittelalterlich; dann eine Villa von reinem Barock. Ihr gegenüber, auf der anderen Seite der Straße liegt eine breite Wiese, die sich etwas abwärts neigt. Rechts und links von ihr laufen zwei gewaltige Alleen.

Sie sind wirklich gewaltig. Jede ist von zwei Reihen uralter Zypressen gebildet. Zwischen ihnen, mitten durch die eingefaßte Rasenfläche, fließt ein kleiner Bach. Aber es sind nicht einmal Alleen, breite Wege zum Gehen oder Fahren, sondern was zwischen den beiden Baumreihen hingeht, ist Rasen, und durch ihn führt nur ein schmaler Fußpfad. Diese Alleen haben also nicht einmal den Zweck des Verkehrs. Sie sind nur dafür da, daß einer den Pfad hingehe, die schön modellierten Massen der Baumbilder zu beiden Seiten habe, den großen Raum und die Freiheit des Dahingehens spüre.

Der Nachmittag war ganz von der kostbaren Klarheit des Herbstes erfüllt. Nun ist es dunkel geworden. Der Mond ist verschwunden und hat die Nacht zurückgelassen. Die Sterne glitzern. Draußen im Garten steigen aus finsterem Grund die regungslosen Gestalten der Bäume. Am Fensterkreuz huscht von Zeit zu Zeit eine Fledermaus vorbei. Sie kommt auch wohl ins Zimmer herein, flattert wesenlos durch und wieder hinaus.

Unsägliche Stille liegt über allem. Aus den Wiesen, von den Bäumen, in der Nähe noch einzeln unterschieden, fernhin aber sich verlierend in einen einzigen, nie nachlassenden, gleichsam ewigen Ton, kommt das Geigen der Grillen und Zikaden; ein Ton, der mit dem Dunkel, mit der Stille, mit dem Raum, mit den Gestalten der Bäume, mit der weiten Erde verschmilzt: *Il canto della terra:* das Lied der Erde.

Es ist nicht leicht, etwas zu schildern, das man liebt. Man gibt sich wohl einer Illusion hin, wenn man denkt, was einem so hell vor der Seele steht, könnten Andere durch die Worte hindurch erblicken. So habe ich eigentlich nicht viel Hoffnung, ich werde das, was ich damals mit so großer Freude entdeckte, und was mir immer noch ein köstliches Gleichnis ist, richtig hinstellen können.

Von Varenna führt ein Weg über den Friedhof hinauf, den See entlang. Es war Nachmittag; alles voll Sonne. Da sah ich, links oben, aus dem dichten Niederwald eine Art Terrasse vorspringen, von einem Kranz Zypressen umgeben. Wege schienen nicht hinaufzuführen. So kletterte ich durch das Gewirr der Stechpalmen, der Eichen und Buchen, der Lorbeerbüsche, die in der Glut dufteten – ein wenig dunkler als alles andere Grün, mit kleinen Wellen an jedem Blattrand (wie eines Windes Lächeln)« sagt Rilke. Am Boden aber wuchsen überall Cyklaminen mit ihrem lieblichen Ruch.

Die Kletterei glückte, und ich kam an die Stelle, wo das, was von unten her als eine Terrasse erschienen war, an den Berghang ansetzte: ein großes, grasbewachsenes, langes Halbrund, das sich vom Hang des Berges aus in den freien Raum vorstreckte, vom Rande senkrecht und in nicht eben geringe Tiefe abfallend. Den Rand aber umstanden Zypressen, und zwischen ihnen schaute der weite Raum des Sees her.

Ich kann nicht sagen, was ich da fühlte. Diese Einfachheit! Nur das große Halbrund; in Abständen die schlanken, dunklen Bäume; dahinter der lichterfüllte Raum. Keine Bank, kein Geländer, keine Treppe, nichts. Größe und Klarheit. Ich empfand, was Kultur heißt: etwas Derartiges an diese einsame Stelle hinzudenken und da zu lassen!

Als ich aber, vorn am Rande des Vorsprungs stehend, mich vom See wegkehrte und zum Berghang zurückblickte, rechts und links von mir, in weitem Bogen die Reihe der Zypressen – da wurde mir seltsam zumute. Ich verstand auf einmal das griechische Theater: den groß gestalteten Raum, in welchem das Werk des Menschen mit einem Mindestmaß von Form die Natur auffängt, fortsetzt, in die höhere Form der Kunst hebt. Himmel, Weite, Licht; darin sich bewegende Gestalt und gesprochenes Wort.

Ein leises Drama konnte ich miterleben. Der Himmel wölbte sich über dem Haus. Im Norden die vicentinischen Alpen; von ihnen hergehend die Ebene. Im Westen ein Hügelzug. Nach Osten und Süden wieder die Ebene.

Die Nacht war ganz rein gewesen; nun stand der Morgen klar im großen Raum. Überall frische Farben und leuchtende Formen. Nachdem durch fast drei Monate kein Regen gefallen, und die Hitze, Gras und Blatt ausdörrend, zuweilen über fünfunddreißig Grad im Schatten gestiegen war, hatte es mehrere Tage hindurch geregnet. Nun war erquickt, was noch lebte und freute sich verjüngt im Licht.

Gegen Mittag ballten sich drüben, hinter den Bergen, Wolken auf; grau und weiß, und von der Sonne überglänzt. Sachte schoben sie sich herauf. Um Mittag war alles wie durch einen feinen Schleier verhängt.

Dann zergingen die Wolken und breiteten sich in dünnen Schichten, wie faserige Decken, über den blauen Himmel. Im Laufe des Nachmittags wurden die Decken immer dünner, bis sie ganz aufgesogen waren.

Als es Abend wurde, war alles wieder rein. Die Sonne ging unter. Das Blau des Himmels färbte sich leise ins Rötliche. Dann wandelte es sich in zartes Gold. Kostbares Licht flutete über alle Dinge. Die Wipfel der Bäume standen fein und scharf gezeichnet. Bis auch das Gold erlosch, und ein silbrig-blaues Grau alle Dinge umfing. Unter dem schwarz gegen den Himmel gestrichelten Geäst der Bäume hing zierlich hell die Sichel des jungen Mondes.

Nun ist es still. Jene unsägliche Stille, in welcher man von nichts wegzuhören braucht. Ganz still; weithin, weither. Ein Nichts war alles. Ein Wolkenspiel.

Wenn es Nacht wird, verschwinden die Einzelheiten, und die plastische Macht tritt aus den Dingen hervor. Ihre aufgebaute Gestalt allein wird deutlich.

Die Stämme ragen auf; dunkel und tragend. Auf ihren Stützen lastend, formen sich die Kronen heraus. Pappeln steigen, schlank gerafft, vielfach durchklüftet. Tannen heben sich, spitz emporgeschichtet, wie Pyramiden vom Boden. Platanen stehen mit aufgelöstem Gezweig gegen den lichten Himmel, die Blätter einzeln sichtbar wie feines Hämmerwerk.

Die Welt ist nicht fertig. Und nicht nur deshalb, weil sie sich noch weiterentwickeln, Dieses und Jenes werden müßte. Es ist tiefer gemeint. »Die Welt« sind nicht die Dinge draußen für sich allein, sondern das, was in der Begegnung zwischen dem Menschen und ihnen wird. Wenn der

Mensch die Dinge sieht und empfindet; wenn sie an ihn heran und in ihn hinein kommen; er wiederum in die Dinge dringt, in ihnen weilt und lebt – was da wird, ist erst die eigentliche Welt. Es ist nicht nur draußen und auch nicht nur drinnen; vielmehr innerlich werdendes Außen, und hinausgetragene Innerlichkeit. Es ist gesehener Gegenstand und mit empfangenen Gestalten erfüllter Blick; vom Herzen gefühlte Form und von den Gestalten der Wirklichkeit aufgerufenes Gefühl. Ist Hand, die erst ganz sie selbst wird an der Frucht, die sie greift; Boden, der erst zum Acker wird, wenn der Mensch ihn pflügt und besät. Das erst ist jene Welt, die Gott gemeint hat, als er das Ding und den Menschen schuf.

Und auch nicht nur »das Ding« und »den Menschen«; die gibt es ja nicht. Es gibt diese Zypresse, wie sie da gewachsen ist; an dieser Stelle am Hang, wo der Windstrom, der immer abends herabkommt, sie von der Seite trifft. Und es gibt diesen Menschen, mich, der ich meinen Weg daherkomme, und mein Leben, wie es bis hierher gewesen ist und das Erbe der voraufgehenden Vergangenheit in mir trage. Hier komme ich, sehe die Zypresse, und zwischen uns beiden begibt sich die Begegnung. Und wenn ich recht zu ihr komme und sie sehe – wer aber weiß, was sie dabei tut? Ob es nur »ein Märchen« ist, wenn die Märchen sagen, auch die Zypresse sehe und spreche? – dann wird aus ihr und mir, in diesem unserem Gegenüber, in dieser Stunde, »Welt«.

So wird stetsfort, wo immer ein Mensch einem Ding begegnet, jene Welt, die Gott gemeint hat. Immer neu. Und sie wird, was Gott gemeint hat, in dem Maße, als der Mensch den Dingen recht begegnet: rein, ohne Selbstsucht, mit offenen Augen und empfänglichem Herzen; so, wie es die Meinung des Augenblicks fordert.

Hierin besteht der Schöpferdienst, zu dem Gott den Menschen gerufen hat: daß immerfort, in seiner Begegnung mit den Dingen, die eigentliche Welt werde. Daß er selber erst werde, indem er an die Dinge gerät; schaut, versteht, liebt, an sich zieht und abwehrt, schafft und gestaltet. Daß die Dinge sie selbst erst ganz werden, wenn sie in den Bereich des Menschengeistes, seines Herzens und seiner Hand gelangen. Diese Welt wird immerfort; leuchtet auf und erlischt wieder.

Tagebuch: Torcello

Es ist schön, wenn man in eine fremde Stadt fährt, um in ihr nicht alles Mögliche, sondern nur Eines zu sehen, ein Werk, einen Bau. Dann erhält der Tag etwas Gesammeltes. Die Fahrt bewegt sich auf das Ziel hin; was sonst begegnet, verbindet sich mit ihm, vorbereitend, steigernd, mannigfache Töne in den einen Klang, der doch Herrscher bleibt, einfügend; und schließlich kehrt man, von einem großen Bilde gesättigt, zurück. So war es gestern, als wir zur Basilika von Torcello bei Venedig fuhren.

Früh ging es mit dem Wagen von dem kleinen, vierzehn Kilometer von Vicenza entfernten Landorte fort; aus dem von der Kühle der Nacht erquickten Garten hinaus; über die wohlbekannten Straßen, auf denen der Staub der langen Trockenzeit noch durch den Tau gebunden lag; durch Vicenza selbst, mit seinen übervielen, nun so ortlos gewordenen Palästen zur Bahn. Mit der ging es über Padua, an den orientalischen Kuppeln seiner Antoniuskirche vorbei, fast anderthalb Stunden durch die venetische Ebene hin. Vor Mestre begann die Lagune, jenes seltsame Gebiet, wo das Meer bewohnt wird, möchte man sagen; wo das Land nur flach aus dem Wasser ragt, gleich als gehöre es noch hinein und könne über Nacht wieder zurücksinken. Das Meer ist so seicht, daß weithin Strecken von Wassergewächsen wie versunkene Wiesen von sonderbarem Wuchs durch den Spiegel drängen. Telegraphenstangen stehen im Wasser, und Arbeiter klettern daran herum, während unten, wie auf dem Festlande der Handwagen, mit Gerät und Helfern ein Nachen wartet. In tieferen Rinnen gehen die schweren Boote mit großen, gelbbraunen Segeln, oder aber vor Rudern, und die Ruderer arbeiten stehend, das Gesicht nach vorn gewendet. Dann fährt der Zug ein, und man geht durch die seltsame Stadt, in welcher man die Tatsache des Menschenwerks, des Gebautseins von Palast und Haus und Kirche so tief spürt, weil man weiß, daß alles auf Pfählen im Meeresgrund ruht. Hier und dort sieht man einen Turm geneigt, ein jäh aufschreckendes Zeichen der Gefährdung, so daß man, wie an einer Grenze des menschlichen Daseins überhaupt, das Ungesichert-Schwankende dieses Daseins ahnt. Eigentümliche Stadt. So blockhaft getürmt oft diese Bauten sind, so unwirklich schattenhaft ist wiederum das Ganze. Kaum ein Bau, der die standhaltende Klarheit rein durchformten Werkes an sich trüge.

Wir aßen zu Mittag und nach Überwindung einiger Schwierigkeiten wurden wir mit einem Gondolier einig. Kurz vor Zwei fuhren wir hinaus. Erst durch die Stadt, durch große und kleine Kanäle, an Palästen und armem Gebäu emporblickend, während rechts und links immer neu gewinkelte und gebrochene Querstraßen abzweigten.

Von den *fondamenta nuova* aus ging es ins Freie. Erst an der großen Friedhofsinsel vorbei, über deren langgestreckte, gelbe Mauern das schwarze Grün der Zypressen emporragte; an Murano und an dem Inselchen mit der Kirche der heiligen Katharina. Dann öffnete sich die Weite. Die Gondel glitt, jedem Druck der Ruder gehorchend, über die kaum gewellte Fläche, durch den leichten Schlag der beiden, auf dem Vorderdeck und dem Heck stehenden Männer getrieben. Halb liegend fühlte man sich fast vom Meeresspiegel getragen.

Rechts in der Ferne schwamm, mit zierlichen Zypressen bestanden, die Insel der Franziskaner. Dann erschien Burano. Man sah mit Besorgnis, wie sehr sich der Turm seiner Kirche neigte, und fühlte sich beruhigt, als die großen Gerüste deutlich wurden, mit denen er gestützt war. Die Inseln und die Landstreifen zwischen dem rinnenden Wasser erschienen ganz flach und schmal; darüber hoch und weit der Himmel. Die letzten Tage waren unaussprechlich schön gewesen, Oktobertage von tiefer Klarheit. Hier auf dem Meere war nun alles wie von mattem Silberglanz überzogen.

Da tauchte links von Burano das Ziel auf: Ein schon auf die Entfernung hin machtvoller Turm mit stumpfem Helm und ein strenges, langgestrecktes Dach, Torcello.

Doch ging es noch lange weiter, und die Fahrt war so schön, daß man nicht wünschte, das Ziel möchte näher kommen. Immer den durch eingesenkte Pfostenbündel gewiesenen Weg voran; dann, wie sonst auf Landstraßen, durch Kanäle, an Feldern und Gartenstücken vorbei, alles eigentümlich einsam anmutend – bis man schließlich nach eineinhalbstündiger Fahrt an den steinernen Stufen anlegte, und in der Nachbarschaft weniger Häuser das Heiligtum vor Augen lag.

Der Weg führte zuerst zur Taufkirche von *Santa Fosca,* aus dem zwölften Jahrhundert. Ein achteckiger Zentralbau, auf fünf Seiten mit einem vorgelegten Säulengang umgeben. Köstlich ging den Augen die eigenwillig herbe und zugleich elegante Form der Bogen ein; dazu die klare Linie der Gesimse, die sich mit ihrem Gelb wundervoll von dem hier tiefen Blau des Himmels abhoben. Um das Ganze aber webte, trotz einiger Gärten und einiger Menschen, jene besondere Einsamkeit, wie ich sie im Kreuzgang von *San Zeno* in Verona empfunden hatte, und bei der alten Abtei in der Nähe von Gravedona im Nordwinkel des Comer Sees: das Gefühl einer Geschichte, die irgendwie ins Sagenhafte reichte.

Daneben der größere Bau, die Basilika zu Ehren der Mutter Gottes. Es ist ein tiefes Glück, von einer wirklich großen Schöpfung angeredet zu werden. Meistens ist es doch so, daß man weit diesseits der Linie stehen bleiben muß, hinter welcher überhaupt erst beginnt, was wirklich gilt. Da kann man dann bewundern, würdigen, sich auch freuen, mit eigentümlich freigegebenem Gewissen, weil alles doch nicht an die Grenze rührt, hinter welcher das Eigentliche anhebt. Wenn man aber diese Grenze überschreiten darf – wie dann das Große einen anspringt!

Die Basilika hat drei Schiffe. Sie wurden im sechsten Jahrhundert gebaut; um das Jahr tausend neu aufgerichtet. Den Boden bedeckt ein Mosaik von schönen Steinen, und obwohl durch das Alter gedämpft, haben sie edle Farben. Die Säulen sind aus graublauem Marmor mit reichen, weißen, byzantinischen Kapitellen. Die ganze Rückwand ist mit Mosaiken bedeckt. Davor steht ein Weihwasserbecken aus dem zehnten Jahrhundert von phantastisch-nordischer Form. Der flache Predigtstuhl ruht auf schlanken Säulchen. Von ihm geht der Lettner weiter, der aus breiten, mit frühromanischen Reliefs bedeckten Platten gebildet ist. Zwischen diesen stehen ebenfalls Säulen, welche die obere Lettnerbrücke tragen. Letztere ist mit spätmittelalterlichen Malereien bedeckt. Ich hätte sie gern vermißt; ebenso wie alles, was sich sonst aus späterer Zeit zusammengefunden hatte.

Hinter dem Altar erhob sich ein einfach-großartiges Chorgestühl in Form konzentrisch angeordneter, nach der Weise des Amphitheaters aufsteigender Stufen. In der Mitte, über einer steilen, zwischen hart geschnittenen Wangen emporsteigenden Treppe, hob sich, schmal und mächtig, die *Kathedra* des Bischofs heraus. Etwas von so strenger und sicherer Form hatte ich noch nie gesehen.

Das alles aber verschwand, und erst recht verschwand alles Kleine und Spätere vor dem Mosaik in der Apsis.

In deren Wölbung lag eine Welttiefe von Gold. Wie das Gold schimmerte! Wie lebendig es war! Braun war in ihm, und Gelb und zartes Grau; feines schuppiges Silber drang an einer anderen Stelle hervor, und jedesmal empfing das Gold ein anderes Leben. Den unteren Rand der Wölbung trug ein Fries, der aus den Bildern der zwölf Apostel bestand. Über diesen aber, die für das Auge ganz verschwanden, ragte in der goldenen Welttiefe der Wölbung die Hoheit der stehenden Mutter Gottes auf. Eine einfache, formal-unwirkliche Standfläche trug sie. Die Gestalt war überhoch; dunkel, in schwarzem, braunem, blauem Gewand, schimmernd dunkel. Auf der Linken trug sie das Gotteskind. Die rechte Hand war in hieratischer Gebärde nach außen gewandt und emporgerichtet. Das Auge im ernsten Antlitz blickte nach vorn. Welche Einsamkeit um sie her! Abgründig wie der Weltenraum schien die breite, goldene Wölbung. Nicht leer; ganz voll. Voll von Leben, Tiefe, Kostbarkeit. Und gleichsam nur, damit jene Weite und Majestät eindringlicher gespürt werde, hingen rechts und links neben der Gestalt zwei Buchstabenzeichen mit den Hieroglyphen der Anrufung.

Auf dem schmalen Gurt aber, in welchem der Rand der Apsis sich nach vornhin umbog, las man die Worte:

»Sum Deus atque caro, patris et sum matris imago
Non pigebat lapsum, sed flenti proximus adsum.«[1]

Unter der Stehenden aber, über dem Apostelfries, die Worte:

»Formula virtutis, maris astrum, porta salutis, prole Maria levat, ...perdidit Eva.«[2]

Wir standen lange. Dann gingen wir hinaus, oft uns umkehrend, immer wieder angeblickt von der Majestät der heiligen Gestalt.

Dann gingen wir zum Turm. Der stand frei, in der herrlichen Kraft seiner schlichten Linien. Reine Konstruktion. Keinen Augenblick machte er den Anspruch, Innenraum zu bilden. Nur getürmte Massen; das Ganze innen leer, von unten bis oben. An der Innenseite der Wand, von den stützenden Bogen hinaufgetragen und selbst Konstruktionselement, lief eine glatte, nur hin und wieder durch Stufen unterbrochene Steigbahn. Droben, vom Gebälk des Helmes, in welchem die Glocken hingen, strich durch die edlen, von einfachen Säulen getragenen Bogen – vier zu je-

1 In der Wiedergabe habe ich die Zusammenziehungen vollständig und die Worte nach neuzeitlicher Weise geschrieben. Sie lauten übersetzt: »Bin Gott und Fleisch, des Vaters bin ich und der Mutter Bild; nicht zuwider war mir der Gefallene, sondern nahe bin ich dem Weinenden.«

2 »Inbegriff der Tugend, Stern des Meeres, Tor des Heiles. Durch ihr Kind hebt Maria auf, die ... Eva zu Grunde gerichtet.« Die Punkte bedeuten eine Lücke.

der Seite – der Blick über die Lagune, diese seltsame Welt, in welcher Meer und Land, gleich als wären sie noch nicht ganz geschieden, so sonderbar ineinandergehen.

Bald fuhren wir heim.

Es ging der untergehenden Sonne zu. Die Luft war noch milder. Kein Hauch war zu fühlen. Leuchtendes, immer tiefer werdendes Gelb strömte über den Himmel und über das Meer und schwankte im leise zitternden Spiegel.

Lang ging die stille Fahrt durch die würzige Meerluft. Vor uns in der Ferne, unwirklich in zarten Farben, lag die Silhouette Venedigs. Wieder vorbei an den Inseln, dem Friedhof und durch die Stadt dem Markusplatz zu. Unterdes war die Ebbe gekommen, und der Meeresspiegel gesunken. Die Fundamente waren bloßgelegt, als bleckten Gebisse. Gewaltiger ragten die Bauten; seltsam im ungewissen Licht des Abends. Fäulnisgeruch kam aus den seicht werdenden Kanälen; die Stadt wurde phantastisch, verlokkend farbig. Man fühlte etwas Böses, Grausames.

Wir landeten in der Nähe des Markusplatzes und saßen noch eine Weile in diesem unwahrscheinlichsten aller Säle. Überall drängte moderne Welt, und elegante Musik war zu hören. Auf kurze Zeit wurde das leichte Wesen wie ausgelöscht durch den tiefen Ton der großen Glocke vom Markusturm. Immer mehr wandelte sich alles in Traum des Abends. Dann gingen wir rasch durch die vollen Straßen zum Bahnhof.

Wenn ich zurückdenke, ist da ein Weben von Meer und Himmelsweite. Inseln gleiten vorbei, Boote mit großen Segeln, leichte Nachen mit biegsam rudernden Gestalten. Steinblöcke sind geschichtet, verwitterte Kanten ecken vor, Fundamente sind durchbrochen. Brücken schwingen sich; zuweilen geht der Blick unter einer weg durch zwei, drei andere, die vielfach im Winkel gestellt sind. Treppen, Tore, Straßen scheinen nicht aus Rechnung, sondern aus wuchernder Phantasie zu wachsen. Vergangenheit sieht her,

Gegenwart lärmt, verbunden durch das leise schwankende Gleiten der Gondel.

Durch alles aber dringt das hohe Bild der Gottesmutter von Torcello vor, und alles wird mir wesenlos vor der Ewigkeit dieser Gestalt.

Tagebuch: Ravenna

Was könnte ich wohl darüber sagen? Das Tatsächliche berichten die Handbücher der Kunst, und das Eigentliche... Es gibt ein Sehen, dessen Inhalt man in Worten ausdrükken kann; ein andermal aber wird man angerührt, weiß, daß Lebendiges daraus entspringen wird, kann aber nicht sagen, was es ist.

Wenn ich auf die kurze Zeit zurückschaue, die ich in Ravenna verbrachte, so drängen sich Bilder von mancherlei Art heran; sonnenheiße Straßen; Häuser mit edlen Körpern und feinen Verhältnissen; stille Plätze voll Vergangenheit; hier und dort aufragende Türme, rund und trotzig, Burgwarten ebensoviel als Kirchtürme; das Grab dessen, der »durch die Hölle zum Himmel geschritten«, Dantes; das Grabmal des Theoderich, vom Hauch der Völkerwanderung umweht; die Mauern der Stadt, bis auf die unterste Schicht abgetragen, so daß man darüber hingehen kann, ihren scharfen Biegungen folgt und, wie verzaubert, in die Vergangenheit gelangt. Vor den Mauern aber breitet sich die Ebene aus, und man fühlt die Nähe des Meeres. Schwere Wagen kommen vom Lande herein, von großen, weißen Büffeln gezogen, mit gewaltigen Hörnern und guten, geduldigen Augen. Die Menschen aber, oft prachtvoll gewachsen und fast immer von guter, freier Haltung, gehen ruhig neben ihnen her.

Drei Dinge habe ich vor allem groß in der Erinnerung. Zuerst das Grab der Galla Placidia, hinter der Kirche von San Vitale. Ein kleines Bauwerk in Gestalt des gleicharmigen Kreuzes. Alle Wandflächen waren von Mosaik bedeckt. Der Grund dunkelblau und dunkelgrün. Die Kuppel eine Herrlichkeit von goldenen Sternen. An den Seiten Pflanzenornamente und symbolische Gestalten. Im Stirnfeld, am Ende jedes der vier Kreuzarme, je zwei Apostel. Alles aber in einem Licht, das wie durch Edelsteine floß, denn die Fenster – wie einst überall in den Kirchen Ravennas – bestanden nicht aus Glas, sondern aus dünn geschliffenen, bernsteinfarbenen Alabasterplatten.

An der Stirnwand des linken Kreuzarmes, auf dem Apostelmosaik, öffnete sich von oben her nach unten wie eine Muschel von Licht. In der Mitte zog es sich zusammen in den Hals einer Taube, deren Kopf mit geöffnetem Schnabel nach unten gerichtet war, Gottes Gewalt hinabrufend: der Heilige Geist. Von unten her ragte eine abgeschnittene Pyramide empor, eine einfache, kahle Fläche auf schräg ansteigenden Böschungen. Darauf standen die beiden Apostel Petrus und Paulus. Angerufen aus der göttlichen Lichttiefe, streckten sie den Arm hinauf.

Da empfand man, was Inspiration ist: das, was aus der göttlichen Tiefe, aus dem göttlichen Drüben an das Innere kommt. Das Berührtsein – nicht der »Seele«; das Wort paßt nicht; der *mens,* des Geistes. Das Angerufensein des Innersten und des Höchsten, der »Mitte« und der »Schneide« des Geistes. Und der Geist, erschrocken und verlangend zugleich, fährt herum, horcht, reckt sich. . . Ich hoffe ihn nicht mehr zu vergessen, den weißen Kopf der Apostelfürsten; ihr hinaufgeworfenes Gesicht; ihre emporgereckte Hand!

Das Zweite war Sant' Apollinare in Classe. Es war früh am Tage, als ich eintrat. Die Helligkeit, die Weite und Freude des königlichen Raumes kam über mich. Nichts darin, als in der Mitte ein kleiner Altar über dem Grab und, wiederum nur klein, der Hauptaltar im Chor.

Rings waren einige große, christliche Sarkophage in ihrer stillen Ruhe. An der Wand links berichtete eine Tafel von einer Buße, die einst Kaiser Otto der Erste hier getan und schloß mit den Worten: »Durch seine Sühne hat er sich selbst und das Gotteshaus geadelt.« Weiter zur Tür wieder eine Tafel, die meldete, wie Julius II. hier gewesen, als auf sein Geheiß die Gebeine des heiligen Apollinaris aus der Krypta heraufgeholt und im Chor untergebracht wurden.

Unsäglich war die stille Klarheit des Tempels. Wie wenig darf doch die aufgeregte Eschatologie unserer Tage beanspruchen, das Christentum zu sein – ebensowenig wie die Veräußerlichung, gegen die sie sich auflehnt. Diese Klarheit war edel, groß und ganz christlich.

Und so keusch. Wie fühlt man die geistliche Keuschheit des alten Christentums auf den Sarkophagen und in den Mosaiken! Überall ist das Geheimnis verhüllt. Das Kreuz steht da, ohne den Leib, nur mit Edelsteinen besetzt, oder mit einem A und O bezeichnet. Das Lamm; die Taube; Pfauen, die von den Trauben des Weinstocks picken, Symbole der Auferstehung und des ewigen Lebens im Geheimnis der Eucharistie. Wie versteht man die Arkandisziplin, in unserer Zeit, da alles öffentlich ist. Der Glaube braucht eine Luft, in der er leben kann. Glaube und Geheimnis gehören zusammen. »Geheimnis« ist ja nicht nur der Unterschied zum Begreiflichen, sondern der Bereich, wo Gott ist, und wo glaubend das Herz eintritt.

Das Dritte war Sant' Apollinare Nuovo. Rechts und links an den Langwänden zogen sich zwei riesige Mosaiken hin. Lange Züge; heilige Frauen zur Linken, Männer zur Rechten. Zu Beginn des rechten Frieses, an der Pfortenwand, eine Darstellung des Exarchenschlosses; *»Palatium«* darübergeschrieben; schimmernd in Gold und von großer Kraft des Ausdrucks. Darauf der Zug der heiligen Männer, das Angesicht nach vorn gewendet, zu Christus, der vorn, neben dem Chorbogen inmitten zweier Engel sitzt. Welch ein Zug! Siebenundzwanzig waren es: Sankt Martinus an der Spitze; Clemens dann, Xystus, Laurentius, Hippolytus, Cornelius, Cyprianus, Cassius, Paulus, Vitalis, Gervasius, Protasius und viele noch. Alle schimmernd in Weiß und Gold, leicht verschieden in der Bewegung, mit der im Gewand verhüllten rechten Hand Kronen tragend. Darüber die Namen; ein fortlaufendes Band sprechender Zeichen.

Unter ihren Füßen zart gebildete Blumengewächse. Immer wieder die gleiche, große Grundhaltung durch feine Unterschiede lebendig gemacht; wirklich eine Reihe, ein Zug, gebunden in der einen großen, verehrenden Bewegung zum sitzenden Herrn. Hell alle, elfenbeinweiß und gold; nur St. Martinus dunkel plastisch und zur vordersten Gruppe überführend.

Da saß der Herr mit der Majestät des Szepters auf seinem Thron; zwei Engel rechts und links von ihm. In dunklen Farben die Gestalten, aber vom durchsetzenden Gold schimmernd. Blumen unter ihren Füßen, unsagbar zart in der Härte des Materials: Rosen, Anemonen, Primeln. Und eine Herbstzeitlose war da, die mit ihrer Form das Innerste berührte.

Christus saß auf dem Thron. Die Engel rechts und links schwebten; ihre Sohlen warfen Schatten. Da war es wieder, das Berührtsein von innen her! Das Erbeben vor der herrufenden Gewalt. Der äußerste Engel rechts – ich konnte nicht mehr von ihm loskommen, von dem vollen, schönen Gesicht, so tief erschrocken und das ganze Innere ausstrahlend aus dunklen, weit geöffneten Augen.

Immer wieder ging der Blick die Flucht von Herrlichkeit hin und zurück. Die lange Reihe der Heiligen, matt schimmernd in Gold und Weiß. Einer dicht an dem Andern; Reihe, Schar, *turba magna;* gebunden in großer Zucht. Vorn in breitem Goldraum die dunkle Kostbarkeit des Herrn, und die vom Pneuma erschütterte Schönheit seiner Engel.

Da kam es mir nahe, wie es doch nicht auszudenken ist, daß der ewige, endlose Gott Mensch wird. Daß er dieses winzige Stäubchen Schöpfung sich anheftet, und in Ewigkeit es nicht mehr abstreift. Gott muß wohl ein Anderer sein, als wir denken; und die Schöpfung etwas Anderes, als wir uns vorstellen; und die göttliche Logik, nach der hier die Dinge gehen, wahrlich »über unseren Sinn und unser Begreifen«. Was muß da vorausgegangen sein, in den Tiefen der Gottheit! Ungeheuerliches Geheimnis, dem nur die

Kühnheit eines »credo, quia absurdum« scheint antworten zu können. Und nun ist er Dieser-Hier. Einer unter Vielen. Irgendwo. Aber es glüht in ihm. Und einmal bricht die Gottesherrlichkeit hervor. In ihm, dem Irgend-Jemand, der Irgendwo war und der Absolute ist. Der sich aufgemacht hatte aus dem unzugänglichen Licht und unter uns ging. Einmal bricht es hervor... Der Gedanke der Wiederkunft und der Verklärung kam mir da mit seiner Kraft nahe. Was ist es doch, daß das Urchristentum die Erlösung als ein Geheimnis der Herrlichkeit und des Sieges, nicht als Jammer und Zertretensein gesehen hat?

Tagebuch: Stille Freunde

Ja, von solchen will ich hier erzählen; von einigen stillen, edlen Geschöpfen, die mir in langem Umgang nahe gekommen sind. Es sind Bäume, und sie leben in einem Garten, den ich gut kenne.

Daß ich es aber gleich gestehe: er hat mich Anstrengung gekostet. Es gibt verschiedenerlei Gärten; üppige, freundliche, innerlich-verschwiegene, solche, die von nützlich ordnendem Sinn zeugen und mancher Art noch. Es gibt auch strenge. Sie sind schön, aber man kann sich in ihnen nicht gehen lassen. Sie dulden keine Vertraulichkeit. Man muß Haltung wahren. So ist der Garten, von dem ich rede. Vor dem Hause öffnet sich ein weiter Blick auf eine sehr große Rasenfläche. Darauf stehen hier und da einzelne Bäume oder kleine Gruppen. Um das Ganze führt ein langer Weg unregelmäßig zwischen den Baumgruppen hin. Das ist eigentlich alles. Weder zum Weilen ladende Plätzchen noch blühend erquickende Fülle. Großer Raum und darin eine Anzahl Bäume. An und für sich eine große Zahl; im Verhältnis zur Fläche aber wenige, einzeln Stehende.

Allmählich habe ich sehen gelernt, welch edle Wesen sie sind. Ich bin lange Zeit unter ihnen herumgegangen; immer den gleichen Weg. Bald unter strahlender Sonne – in den letzten Wochen waren Tage voll unsäglicher Klarheit, durchsichtiger Trunkenheit, möchte man sagen – bald unter Wolken und Regennähe; dann wieder im Frühling, wenn überall die Blüten hervorbrachen; im Sommer, wenn alles straff und prall stand; im Herbst, wenn das Laub sich färbte und fiel, und durch die Zweige hin der Raum licht wurde. Wenn man so geht, fällt der Blick bald auf diesen Baum, bald auf jenen, und immer wieder begibt es sich, daß man ihn »sieht«. Man wird von seiner Gestalt berührt, und fühlt seinen unbekümmerten Adel. Besonders schön ist es, lesend so zu gehen, und vom Buch, aus der Welt seiner Gedanken hinweg, in das Wesen ringsum zu blicken. Dann erscheinen einem die Dinge wie neu. Nach dem eintönigen Schwarz und Weiß des gedruckten Blattes leuchten die Farben, und nach der harten Gleichmäßigkeit des Druckbildes gewinnen die Formen lebendige Ausdruckskraft. Mit so manchen Großen des Geistes ist mir der Garten nun schon verbunden, und mehr als einmal, wenn ich wieder eine Seite aus Platons Staat aufschlage, schauen seine Bäume zu mir her.

So sind wir denn allmählich Freunde geworden, die Bäume und ich. Freilich habe ich auch wieder meine Zweifel. Es steht sehr dahin, was sie selbst dazu meinen.

Da sind gleich rechts, wenn man vom Hause aus den Weg betritt, zwei Magnolien, groß fast wie mittlere Buchen, mit langen, elastischen Zweigen. Ihre Blätter sind handgroß, schlank geformt, tief dunkelgrün und glänzend, als wären sie poliert. Greift man hinein, dann rascheln sie, als bestünden sie aus einem fremdartig-festen Stoff. Sie fallen im Herbst nicht ab; den ganzen Winter hindurch steht das dunkelgrün glänzende Gebilde da.

Im Herbst setzen sie die Knospen an, und im Sommer bricht es mächtig hervor: Blüten, groß wie zwei geöffnete Hände; mit schweren, einfach geformten Blättern, weiß, leicht ins Grünlich-Gelbe, an der Unterseite ins Rot-Bläuliche schimmernd. Es ist etwas richtig Gewaltiges, wenn die hohen Bäume in ihrer blühenden Herrlichkeit dastehen, und ein berauschender, süßer Duft wie von Äpfeln und jungem Wein von ihnen ausströmt.

Wenn die Blütenblätter fallen, bilden sich faustgroße, elegant aus dem scharf zusammengezogenen Stengelschaft herauswachsende Fruchtgebilde, ein wenig den Pinienzapfen ähnlich. Wird es dann Spätherbst, so werden sie rot, öffnen sich, aus vielen Spalten dringen langgeformte, flache, an feinen weißen Fäden schwingende Korallen hervor, und das Ganze sieht aus, wie ein Ding aus Märchenland.

Geht man den Weg weiter, so kommt man zu herrlich gewachsenen Tannen. Ihre Äste setzen schon ganz unten, fast am Boden, an. Mit seltsam eigenwilliger Bewegung treten sie aus dem Stamm, senken sich tief hinunter, daß man sich in die Wiege setzen kann; dann erheben sie sich, und vom Scheitel des Astes fallen rechts und links, wie Haargehänge, feine biegsame Zweige mit glänzenden Nadeln herab, ganz lang, schwer und weich, daß man gern mit der Hand liebkosend darüberstreicht.

Der Weg geht weiter, auf die rechte, hintere Ecke des Gartens zu. Dann öffnet sich auf einmal der Raum, und eine Pappel steht groß da. Keine von den geschlossenen, säulenförmigen, sondern eine offene, mit breiten, lichtstehenden Blättern. Jedesmal habe ich ein eigenes Gefühl vor ihr. Ein ganz hoher Stamm strebt empor, teilt sich dann in zwei, weit in den Raum hinausgreifende, schlanke Äste. Die Zweige sind voneinander gelöst; die Blätter, jedes für sich, an langen, feinen Stielen, rascheln beim leisesten Luftzug. Eine unaussprechlich lichte, sehnsuchtsvolle Weite liegt um den Baum. Immer ist's so; besonders aber im Frühjahr, wenn er noch keine Blätter hat, und die Hüllen von den Knospen fallen. Und nimmt man die braunen Schalen auf, dann sind sie ganz klebrig und duften bitterwürzig süß.

An der entgegengesetzten Seite des Gartens steht ein merkwürdiges Baumwesen. Wieder eine Pappel, weit hinausgebaut, mit schönen, einzelstehenden Blättern. Aber eigentlich ist nicht der Baum die Hauptsache, sondern der Efeu, der an ihm hinaufgeht. Er hat große, ungegliederte Blätter. Im Herbst blüht er mit runden Dolden und trägt dann im Winter blaue Beeren. Ein mächtiges Gewächs! Sein Stamm ist so stark, daß man ihn unten mit zwei Händen nicht umfassen kann. Er hat den ganzen Baum überwuchert, so daß der seine Gestalt verloren hat und als ein mächtiges, abenteuerlich buschiges Ding in die Höhe ragt.

Im September blüht der Efeu, und seine Blüten müssen voll süßesten Honigs sein. Wie ich zum ersten Male an einem Herbsttage vorbeikam, drang mir schon von fern ein Brausen entgegen; und als ich näher kam, trieben Tausende und Tausende von Bienen in dem Efeu ihr Wesen. Das Brausen war so mächtig, daß mir war, als schlage mir etwas Elementares entgegen, herrlich und auch ein wenig zum Fürchten.

Wieder geht es weiter, nun dem Hause zu. – Ihr könnt wohl glauben, ich habe den Weg innerlich vor Augen! Ich weiß ihn auswendig, wenn auch noch immer Neues zu entdecken bleibt! Da stehen also zur Rechten zwei wilde Pflaumenbäume. Der eine besonders ist bemerkenswert, denn sein Stamm ist ganz gedreht. Wie in Strängen windet er sich von links über vorn nach rechts. Manchmal legt er kostbaren Schmuck an. Da sitzen an seinem Stamm runde, braungoldene Harzbuckel wie aus Rauchtopas.

Die Zweige sind fein; die Blätter schlank, dunkelgrün, ins Rötliche spielend. Im Frühjahr, eines sonnenblauen Morgens, als hinten die Berge der venetischen Alpen noch einmal in hellem Neuschnee lagen, waren die beiden Bäume von unzähligen, kleinen, duftenden Blüten ganz übersät. So fein war ihre Gestalt, so verschwenderisch die zarte Fülle, so weit weg der Gedanke an irgendeinen Nutzen! Es waren ja nur wilde Pflaumenbäume, und ihre Früchte für jede vernünftige Verwendung ganz und gar nicht zu gebrauchen.

Nach einer Weile führt der Weg durch einen richtigen kleinen Magnolienhain, so daß man von den glänzenden Blättern an den schwanken, elastischen Zweigen ganz umgeben ist. Kommt man wieder aus ihm heraus und wendet sich links, dann steht da eine Blutbuche. Neben einigen Tannen, aber in gutem Abstand, sodaß jedes von den schönen Baumwesen sich recht entfalten kann. Darin liegt ja das Edle eines solchen Gartens: er ist Menschenwerk, Menschenwohnung und macht doch die Natur nicht künstlich. Er sorgt nur, daß sich jedes Gewächs dort befinde, wo es wohl gedeiht und in rechtem Bilde steht. Vor allem aber, daß es Raum habe. Dann wächst, von Licht und Luft umspielt, ein volles, schönes Geschöpf herauf. So kann es sein, daß man vor ihm zum erstenmal die innere Gestalt eines solchen Baumes sieht.

Die Buche ist köstlich. Der Stamm nicht allzu hoch und klar durchgeformt, wie es bei Buchen oft ist. Mir war schon immer, als hätten sie etwas Benediktinisches; etwas Starkes und Mildes zugleich; natürlich und doch ganz durchgebildet. Alles ist von Form gesättigt, vom Stamm bis zum feinsten Zweiglein. Wie kostbar wächst solch ein glattes Glied voran, bis es auf einmal von ganz zarten, scharf geschnittenen Ringen umgeben ist, erst weiter von einander abstehend, dann immer dichter zusammen gerückt, bis zum Gelenk ... So ist unsere Buche. Vom Stamm gehen die Zweige strahlig hinaus und bilden eine wundervoll ausgewölbte Krone; eine kleine, runde, schöne Welt. Die Blätter aber, im Frühling erst zart hellgrün, färben sich immer röter, und stehen im Sommer in dunklem, grünen Purpur.

Nicht weit von der Buche befindet sich ein anderes merkwürdiges Baumwesen. Eine *Sorbula pendula* sei es, auf Akazie gepfropft, belehrte mich der Gärtner – der all die Bäume wie Kinder kennt und genau weiß, wie dieser vor zehn Jahren vom Blitz gelitten hat; jener vor achtzehn Jahren umgepflanzt wurde; und vor noch längerer Zeit wieder ein anderer durch eine Operation zu besserem Wachstum kam ... Eine besondere Art Akazie also. Steht man vor ihr, so sieht man den Fuß des Stammes kaum, weil sich vom Scheitel des Baumes nach allen Seiten die Zweige wölben und eine große Glocke bilden; die sehr langen Blätter aber – denen unserer Akazien ähnlich, nur daß die einzelnen Blättchen weiter auseinander stehen und lange, sehr lange Stiele haben – bis auf den Boden herab gehen. Der Baum blüht in großen, weißen Dolden, und nun, im Herbst, ist der Blättervorhang an vielen Stellen von Gehängen gelbgrüner, wie Bernstein durchscheinender Früchte übersponnen.

Hebt man den Vorhang, der sich mit einem kostbaren Rascheln in die Hand schmiegt, dann tritt man in einen mit grünem Lichtgold erfüllten Innenraum, wie in ein Zelt.

Auch Palmen sind da; mehrere. Sie stehen ruhig im Freien; es wäre ja auch schwer, die über sechs Meter hohen Bäume zu bergen, und der Winter, der doch zuweilen unter fünfzehn Grad Kälte sinkt, hat ihnen noch nichts getan.

Seltsam schöne Wesen sind es; eine besonders. Der Stamm ragt hoch auf. Oben hat er wohl drei Spannen im Durchmesser; unten eine halbe. Er steht also auf seiner Spitze, wie ein langer, schmaler Keil. Droben gehen nach allen Seiten die Blätter hinaus; gedrungene, breite, fast kreisförmige Fächer, an kurzen Stielen. Und wenn man etwa abends im Dunkeln vorbeikommt, fährt man wohl zusammen, wenn es da sonderbar hart und fremd im Luftzug raschelt. Im Sommer blühen die Palmen, und aus den Blüten werden im Winter üppig herausquellende, große Trauben blauer, winziger Beeren, wie lauter Perlen.

Es ist schön, wenn das edle Gewächs mit seiner fremdartigen, aus ganz anderer Welt kommenden Gestalt so schlank aufsteigt. Wir meinen manchmal, Bäume seien uns vertraut, aber die Vertrautheit ist wohl doch nur Schein. Mir ist es oft geschehen, daß ich so stand, und mit einem Mal das trügerische Bekanntsein schwand. Da war das Wesen vor mir ganz fremd: in die Erde hinabreichend; in die Höhe hinaufgebaut; seltsame Arme, Zweige genannt, regungslos hinausstreckend; still, ohne Sprache und ohne Gegenwehr … Wenn der Baum nun noch in seiner Gestalt so anders aussieht, als die uns gewohnten, dann ist's mit allem leichten Bekanntsein ganz vorbei, und ein nicht zu verlernendes Erstaunen fragt immer wieder: »Was bist Du?«

Und nun hätte ich noch von zwei anderen Bäumen oder Baumfamilien zu sprechen. Aber hier ziemt sich eigentlich das Wort »Freunde« nicht. Es sind hohe Herrschaften, und mein Verhältnis zu ihnen ist sehr respektvoll. Mit dem gleichen Respekt will ich denn auch versuchen, von ihnen zu erzählen.

Da ist einmal eine Gruppe von Pinien. Sieben sind's; richtig die Märchenzahl. Sie befinden sich in der Mittelachse des Gartens, tief unten, und beherrschen von dort her die ganze Fläche. Sie stehen im Kreise. Drei von ihnen gabeln sich in je zwei große Stammäste. Die Stämme steigen gerade auf; alle vom Mittelpunkt des Kreises aus etwas nach außen geneigt, damit droben die Krone mehr Raum gewinnt. Sie sehen dem Kiefernstamm ähnlich, sind aber glatter und schlanker und haben eine – nun ja, klassische Form. Risse teilen die Rinde mit einer gewissen Regelmäßigkeit, so daß es von fern fast wie glänzende Schuppen aussieht. Und droben gehen die Zweige auseinander und tragen breit und gewölbt die fein gefaserten Kuppeln der Kronen.

Sehr edel sind die sieben Bäume! Wenn man auf sie zukommt, hat man das Gefühl, als richten sich Säulen vor einem auf. Zwischen den Säulen ist weiter Raum. Eine Weite, in der Geschichte webt. Ich weiß nicht, warum, aber es ist so. Alte, sagenerfüllte Geschichte vom Süden.

Schon die Pinien stehen eigentlich nicht ganz im Garten. Sie haben ein inneres Maß, welches macht, daß sie aus ihm hinausragen. Die Säulen ihrer Stämme und die Weite ihrer Kronen sind nicht in jenem Innen, das doch jeder Garten bildet. Dann ist aber ein Baum da, der steht überhaupt nicht mehr darin. Es ist eine Zeder. Ich weiß sie mit keinem Baum der deutschen Wälder zu vergleichen; am ehesten noch mit gewissen ganz groß und frei gewachsenen Eichen. Der Stamm steigt wundervoll auf. Am Boden mißt er dreieinhalb Meter im Umfang. Die Zweige gehen unten waagerecht hinaus, eben bis in die letzten Teilungen, von feinen Nadeln besetzt.

Je weiter es den Stamm hinaufgeht, desto mehr heben sich die Zweige, und oben läuft der Baum in viele, fast senkrecht hinaufstrebende Arme aus. Ich habe noch nie an einem Baume solche Macht und Anmut zugleich, solche hoheitsvolle Schönheit gesehen. Nun weiß ich, warum es für die heilige Schrift ein Bild von höchster Kraft und Herrlichkeit bedeutet, wenn es sagt, der Gepriesene »rage wie die Zeder vom Libanon«. Dieser Baum ist nicht Freund. Ich mag an ihm vorüber gehen, so oft ich will; wenn der Blick das ungeheure Mal seines Stammes hinaufgleitet, seine Kraft spürt und seine Anmut fühlt, dann kommt die Ehrfurcht. Und das Bewußtsein, daß dieser Baum nicht »im Garten« steht, sondern in einem Raum für sich. In einer Sphäre, wo die großen Dinge sind. Jene, aus denen das Heilige seine Zeichen nimmt, wenn es ihm gefällt, Gewand und Gleichnis aus Bildern der Hoheit zu wählen.

Tagebuch: Reise nach Sizilien

Im Zuge

Zuweilen werden einem neue Augen geschenkt. Heute ging es mir so, als ich am Fenster saß und nach Süden fuhr. Die Augen hatten in der Stadt gefastet, immer nur Mauern gesehen, Straßen, Stadtmenschen und im Übrigen bedrucktes Papier. Nun aber blickten Wälder und verschneite Äcker her, und alles war neu. Schön ist das, wenn so die Gestalten innig eindringlich hervortreten. Wenn bald ein Höhenzug, bald eine Waldecke Einen anschauen, als sprächen sie: »Bin ich nicht schön?« Es kommt einem warm und froh übers Herz, und man möchte mit der Hand darüber hinstreichen und sie liebkosen.

Im Thüringer Land lag alles unter verglastem Schnee. Feiner, graublauer Dunst war über den Feldern und um die Birken. Wie Gebilde aus Kopenhagener Porzellan sahen die Dinge aus. Nach Nürnberg war's, als gehe das innere Antlitz der Natur auf; als löse es sich in ihr, inwendig, vom Herzen her. Frühling, noch verhalten, regte sich. Ganz scheu lief ein grüner Hauch über die Felder. Die Bäume standen noch leer, aber sie warteten. Immer heller wurde es. Es ging richtig nach Süden! Der Zug eilte fröhlich voran. Die Farben sanken tiefer in sich selbst. Die Erde war kräftig rot; die Schatten in den Furchen saßen dunkelviolett, und aus allen Bäumen drang junges Grün.

Dann wurde es Abend, und die Sonne goß goldenen Rauch über das Land.

In München

Zwei Werke aus der Glyptothek sind mir in Erinnerung geblieben. Zuerst die beiden Mädchen an der Herme. Die links, stehend und mit kräftigen Gliedern, hebt den Arm, um den Hermenkopf zu bekränzen. Die andere, in wundervoll sich faltendem Gewande, hat gerade, tief niedergeneigt, die Sandale losgelöst, und diese fällt. Eine blühende Freiheit liegt darüber.

Dann ist da eine Grabstele; ein Abschied wohl von Mutter und Tochter. Beider Haupt ist gesenkt. Die Mutter sitzt; die junge Tochter steht vor ihr. Die Gebärde ist ganz leise, die Bewegung still. Wie das rührt! Keine Hoffnung, nur gefaßte Haltung. Aber das Leben strömt so stark, daß es doch hofft und weiß nicht wie.

Durch Tirol

In München war's noch trübe, die Luft voll feinstäubender Feuchtigkeit. Bald lichtete es sich aber. Über dem Brenner stiegen die Berge in freudiger Klarheit auf, und ihre weißen Grate schimmerten hart und kostbar gegen den blauen Himmel.

Dunkler Wald kam einen Hang herunter. Auf einmal schoß ein blauer Blitz heraus – ein Schneefeld war von der Sonne getroffen worden.

In einem kleinen Friedhof, hoch über dem Lago Maggiore, las ich einmal auf der Grabinschrift einer Mutter:

Fu affettuosa, pia, cortese.

Was kann man von einer Mutter Größeres sagen, als daß sie liebevoll war; ihre ganze Art so, daß dem Anderen bei ihr wohl wurde, weil aus ihrem Wesen eine milde Schönheitskraft strahlte? Es würde viele Worte brauchen, um in deutscher Sprache wiederzugeben, was das heißt, sie sei *cortese* gewesen, vornehm und sicher in feiner Freundlichkeit, fähig zu warmer Verbindung und zu ruhigem Abstand. Und sie war *pia.* Auch dies aber bedeutet mehr als bloß »fromm«. Es bedeutet, daß in der Tiefe dieses frommen Herzens zugleich eine innige Klarheit und Menschlichkeit war.

Vor uns lagen Wälder; Bergmassen von dichten, erdenfesten Farben. Da war es wunderbar, wenn plötzlich über ihrem Rücken ein Gipfel herausschaute, rosigviolett vielleicht, oder von zartem Perlgrau, oder von einem braunen, leuchtenden Purpur, fern und unwirklich. Als ob hinter dieser Welt eine andere aufsteige, von einem anderen Licht getroffen, als es hier unten bei uns waltet.

Die kleinen Tiroler Burgen sind schön. Mit ihren kurzen, schweren Türmen und festen, gebrochenen Mauern wachsen sie aus einem Berg heraus, wie Kristalle.

Manchmal ist ein Berghang gleichmäßig in Farbe und Gestalt; aber an einer Stelle hebt es sich heraus wie eine Schulter, leuchtet golden und gleitet zart ab.

Rom

Der späte Nachmittag auf dem Pincio war voll von Licht und frohem Braus; alles golden und in tausendfacher Bewegung. Am Abend fuhren wir die Via Appia hinaus. Bald blieben die letzten Fußgänger zurück. Kein Gefährt begegnete uns mehr. Es wurde ganz still. Wir stiegen aus. Die Sonne war untergegangen. Nur noch ein düsterroter Streif lag am unteren Himmel. Auch der erlosch. Von der oberen Wölbung sank tiefes, silberkühles Blau herab. Als scharfe Sichel hing der Mond. Nicht weit von ihm, strahlend, diamantenkostbar der Abendstern. Und in dem Schweigen standen, finster, herrlich umrissen, die Formen einer Pinie und zweier Zypressen.

Im kleinen Baracco-Museum. Auch hier haben sich mir zwei Werke eingeprägt: Der schlanke Lekytos neben der Zwischentür, und die stehende Athene.

Lange Zeit habe ich sehr stark die Bedeutung der asiatischen Kunst empfunden. Sie erschien mir sehr groß, und vielleicht war eine Neigung da, in ihr das Größere zu sehen. Als ich aber die von Kennern hochgepriesene Ausstellung chinesischer Kunst in Berlin sah, wurde ich geheilt.

Ich wurde inne, was Europa ist, und seiner kühnen Überlegenheit froh.

Jetzt begreife ich nicht mehr, wie man schwanken kann. Hier hat es der Mensch wirklich gewagt. Er hat den hütenden Naturzusammenhang verlassen und sich in freien Raum gestellt.

Vor so manchem Werke der Antike verstehe ich, was die Rede von den Göttern meint – sowie mir damals auf der Höhe des Julierpasses der Bereich nahe kam, in welchem Götter wohnen. »Götter« – man scheut sich wohl, den Namen so mit Bedacht auszusprechen, als liege darin schon ein Frevel gegen den einen Lebendigen Gott, der gesprochen hat: »Du sollst keine fremden Götter neben mir haben.« Aber »Götter« sind ja gar nicht die Vielzahl von dem, was »Gott« ist. Sie sind etwas anderes. Wesen über Menschenmaß. Sie gehören zu dieser Welt. In ihnen ist wohl etwas, das Frömmigkeit ruft, aber eine, die ganz in die Welt hineingehört. Sie sind rein; aber die Reinheit liegt in der Kraft des Wesens, in der Klarheit der Bewegung, in der inneren Notwendigkeit der Schicksalsfügung, in der Eindeutigkeit der Empfindung und hat auch nur mit der ethischen Reinheit, gar denn mit jener, die das Christentum meint, nichts zu tun. Über ihnen liegt eine weite, sehnsuchtweckende Schönheit, und eine große Verführung geht von ihnen aus. Sie erheben sich in ihrer Herrlichkeit wohl erst, wenn man den Lebendigen Gott vergißt. Sie weisen ein Ziel und verheißen eine Erfüllung, die von Gott weg liegt. Vielleicht muß man in den Süden gehen, um das zu verstehen. Man muß das Licht des Südens und die Gegenwärtigkeit seiner Gestalten sehen, um zu spüren, wie sich da Übermenschliches in menschlich umrissener Bildung ausdrückt, und um zu denken, daß ein Weg hinaufführen könnte.

Es ist schön, vor einem sehr edlen Kunstwerk lange Zeit zu weilen; zu lesen, ein Gespräch zu führen und zwischendurch immer wieder hinzuschauen. Dann tritt es immer wieder neu hervor. Von der abstrakten, weiß und schwarzen Farbe des Druckbildes weg ersteht in immer neuer Frische die Gestalt. Aus den verschiedenen Gegenständen der Unterhaltung heraus geschieht immer neue Begegnung, und es erschließt sich Seite um Seite der schönen Welt dort. Es ist ein kleiner Ersatz dafür, wie man eigentlich mit einem Kunstwerk sein sollte. Man sollte es bei sich haben, daß es einem in das Leben hineinsprechen könnte, wie es sich von Tag zu Tag begibt; oder wenigstens in der Nähe, daß man aus dem täglichen Leben heraus zu ihm, dem Lebendigen, hingehen, was einem widerfährt, hintragen könnte, dann würde es sich immer neu auftun und reden.

Ob man nicht erst dann wirklich Christ sein kann, wenn man aufgehört hat, das Christentum für selbstverständlich zu nehmen? Oder ist das so nur für uns Heutige, die überall im Fragen stehen? Aber liegt nicht ein tiefer Trug darin, die christliche Existenz für selbstverständlich anzusehen, in einer Linie und in der gleichen Geschichte mit der griechischen und römischen und ägyptischen und welcher sonst noch? Vielleicht gar noch als die von der Natur her geforderte »beste«? Erst, wenn es einen berührt hat, was einst »Welt« war und was sich heute wieder rüstet, »Welt« zu werden – erst dann kann man mit Verantwortung wissen, was es heißt, Christ zu sein!

Aber dem Christsein wurde als letzter Maßstab die Kindlichkeit gegeben! Ist das nicht der vollendete Ausdruck der Selbst-Verständlichkeit? Allerdings, von Gott her, als Ziel und Erfüllung. Doch gewiß nicht als Ausgangspunkt! Welcher Unterschied der Welten! Dort römische Kraft, griechische Herrlichkeit, antikes Spüren göttlichen Geheimnisses in irdischer Größe, Bewegung des Genius – hier, in den Katakomben, nichts von alledem. Alles kärglich, oft barbarisch im Vergleich zu jenen Gestaltungen; kleine Leute und kleiner Leute Werk. Und dennoch wirkt etwas darin, das anderswoher kommt, das Pneuma; und etwas Neues rührt sich, das von Christi Liebe berührte Menschenherz.

Wie sind die griechischen Bildwerke des Leibes sicher! Welche Kenntnis setzen solch eine Anadyomene, oder der Fechter daneben im Thermenmuseum voraus! Doch nein, sie hatten etwas Größeres als Kenntnis: ein unerhörtes Leibgefühl. Sie besaßen den Leib in vollkommener gymnastischer Bildung. Sie empfanden jedes Glied, jedes Gelenk und jede Bewegung. Ihr Körper hatte die Seele eingesogen; sie lebte darin. Aber so kann man wohl nicht sein, und zugleich wirklich für den Bereich des Heiligen Geistes offen stehen. Darum mußte der Bruch kommen. Die Seele mußte erst in irgend einem Sinne aus dem Leibe hinausgewagt, hinausgerissen werden, um frei zu werden für die andere Welt. Für eine Leiblichkeit, die in der Auferstehung offenbar wird, und dem »neuen Himmel und der neuen Erde« angehört. Aber sie beginnt schon in der Taufe.

Ob die Menschen nicht wirklich die Möglichkeit haben, »Götter« zu werden? Ob nicht etwas davon in der griechischen Welt, in der unerhörten, nur so kurze Zeit währenden Aufgipfelung dieses nie wiederholten menschlichen Daseins Wirklichkeit geworden ist? Wir sehen wohl die Welt sehr klein. Wir sehen die schwindelnden Möglichkeiten von Größe, Schicksal und Herrlichkeit nicht. Darum haben wir auch die Leidenschaft des großen Opfers nicht. Was das Christentum ist, das ein solches Opfer verlangt; das Ungeheure dieser Entscheidung, und was darin erwachen kann, so groß, daß es »noch nie in eines Menschen Herz gedrungen ist«, das ermißt man wohl erst, wenn man ahnt, welche Möglichkeiten der Mensch tatsächlich hat. Die Heroen der Griechen, der Kaisertraum der Staufer, der selbstherrliche Mensch der Neuzeit – man tut dem Christentum keinen Dienst, wenn man diese Dinge nur als Torheit oder Überhebung wegwirft! Das Wort Gottes redet die Menschen in anderem Ton an, wenn es bei Johannes heißt: »Steht nicht in eurem Gesetz geschrieben: Ich sage, Götter seid ihr? Wenn er jene Götter genannt hat, an die das Wort Gottes erging, und die Schrift darf nicht aufgelöst werden …«

San Clemente. Man steigt in weite Vergangenheit hinab; buchstäblich hinab! Die Basilika stammt aus dem zwölften Jahrhundert. Die christliche Unterkirche aus dem vierten. Davor liegt der Kultraum des Mithras, errichtet im Haus des Clemens, um es den Christen zu entleiden. Dann dieses selbst. Und wieder, noch einmal tiefer, das Fundament der Stadt aus der Zeit des Tarquinius.

Welche Innigkeit, zu denken: Hier ist das Haus des zweiten Nachfolgers Petri. In diesem Raum, im alten *triclinium,* haben wohl Petrus und Paulus geweilt. Welches Gewicht von Geschichte, zu denken, wie da im Herzen Roms Petrus sitzt und erzählt: »Drüben über dem Meere, wo ich herkomme, ist Er gewesen und das ist Ihm geschehen, und das hat Er gesagt …«

Vor Sizilien

Und wieder Geschichte, aber anderer Art, berührt den Fahrenden in der Meerenge von Messina! Das Ende des festen Europa auf der einen Seite, drüben das felsige, vielgegliederte Bergland der Insel. Dazwischen das Meer, violett, blau – man denkt an die Purpurfarbe Homers – und die Wellen kostbar zart vom Schaum überrieselt. Was ist doch hier geschehen! Griechen sind hier gefahren, Römer, Normannen, und überall weht der Hauch der Odyssee.

Syrakus

Es berührte mich tief, als ich in Syrakus der ersten Spur der griechischen Welt begegnete: dem einstigen Tempel der Athene, in welchen der Dom eingebaut ist. Nun ist dieser von der klaren Gegenwärtigkeit des griechischen Tempelraumes und von der Kraft der dorischen Säulen, die aus den Wänden hervortreten, ganz durchwirkt.

An den Innenflächen des Mittelschiffes, den alten Wänden der Cella, stehen in schöner, bronzener Antiqua die beiden Sätze:

Ecclesia Syracusana Prima Divi Petri Filia
Et Prima Post Antiochenam Christo Dedicata.

Manche Formen haben die Kraft von Urwirklichkeiten: Der Horizont des Meeres, die Vertikale der Zypresse, die Kuppel der Pinie.

Wenn ich zum Fenster hinaussehe, liegt drüben, in die See hinausgebaut, die alte Stadt. Links die blaue »Höhe des Meeres«. Von ihr her kommen unaufhörlich, von weißem Schaum gekrönt, die langen Wogen in den Hafen hereingerollt.

Gestern war es trübe. Das Meer lag grau. Nur auf Strekken hin fiel aus einem Wolkenspalt ein halbes Sonnenlicht, und da schimmerte es ganz silbern. Heute strahlt alles.

Die Sonne ging unter. Der Himmel erblühte in rosiger Klarheit. Dann verblich die zarte Glut. Der Mond stand ganz hoch, und der Stein des griechischen Theaters begann zu schimmern. Unsäglich edel trat die Gestalt des Werkes hervor.

Schön, herzversehrend schön ist das, was die Griechen geschaffen haben. Unbegreiflich ist ihre Kunst. Es ist groß, es gefühlt zu haben, auch wenn man nicht weiß, wie man das Übermächtige anders aussprechen soll, als mit den farblos gewordenen Worten. Fast zweieinhalb Jahrtausende liegt das Werk nun da. Alles ist weggeraubt, was nicht gewachsener Fels war, und noch das Gewachsene ist zerschlagen, verwaschen, zerrissen durch Menschen- und Naturgewalt. Ein paar Formen, ein paar Verhältnisse sind da, aber immer noch erhebt sich aus ihnen in junger Herrlichkeit die Gestalt.

Daß das Titanische zur reinen Leichtigkeit der Form bewältigt sei, das ist das Klassische. Droben haben sie den Stein aus dem Felsen geschnitten, die gewaltige Schlucht der Fahrstraße von den Höhen herabgezogen, alles, Wand gegenüber Wand, samt der Bahn der Straße selbst, aus dem lebendigen Fels gehauen. Und unten liegt das Theater in der Freiheit seiner Form.

Ich lese die Odyssee. Ihre klaren Gestalten verweben sich mit dem Land, mit dem Meer, mit der lichten Weite der Straße von Messina, und dahinter stehen die Göttergestalten der griechischen Meister.

Ein Tag auf dem Euryelus, der Burghöhe von Syrakus. Oft habe ich Bilder vom Burghügel von Mykene angeschaut, empfunden, was um ihn webt und gewünscht, dort zu sein. Das hier liegt nicht allzufern. Hoch über der Stadt, herausgehoben aus dem weiten, steinigen Land, wo überall der Fels die dünne Erdkrume durchbricht, hat Dionysos der Erste die Burg gebaut. Links drüben zieht der weite Bogen des Meerbusens. Eine schmale Landzunge streckt sich vor; dann das Meer, blau gegen den Himmel. Rechts die Halbinsel Ortygia mit der Stadt Syrakus.

Auf dem Berge liegen die Trümmer der Burg. Gleichmäßige, reine Blöcke aus dem wunderbaren Kalkstein. Geringe Reste der Mauer, herrlich gefügt. Gräben, Gänge und Treppen in Stein gehauen. Die Stümpfe der fünf starken Türme, die dem Herkommenden wuchtig entgegentreten.

Darüber wölbt sich die große Stille. Weiter Himmel; weites, blaues Meer. Steiniges Land, wo einst die blühenden Städte standen. Und um alles jener Hauch des Mythos, in welchem ferne Vergangenheit, übermenschliche Größe, und so tief ans Herz rührende Fremdheit webt.

Wie fremd stehen im Dom von Syrakus die gewaltigen, dorischen Säulen! Nein, es ist nicht wahr, daß das Christentum selbstverständlich ist! Es ist auch nicht das rationalistische Gebilde der »besten der Religionen«, gar »die Vollendung aller natürlichen Werte«. Das Christentum ist ungeheure Kühnheit, und vorher die Gefahr des bittersten Ärgernisses. Und manchmal, wenn man fühlt, was die Welt ist; wenn einem entgegentritt, was der Mensch sein könnte, der sich mit dem letzten Anspruch und dem äußersten Wagnis in sich selbst würfe ... Man darf das nicht verschleiern, um des Christentums willen nicht. Wie könnte man verstehen, was Paulus im Römerbrief geschrieben, wenn man das nicht empfunden hat?

Seltsam ist die Einsamkeit dieses Landes. Überall liegen wohlgepflegte Felder, Obstbäume stehen in Fülle, aber kein Dorf, selten einmal ein Haus. Allerorten Werke der pflegenden Menschenhand, aber über allem tiefe Einsamkeit. Raum für den Menschen. Raum für die Gestalten des schauenden Blickes. Raum für die Sehnsucht. Überall webt die Sage. Der Mythos ist nicht fern. Man fühlt sein Walten.

Das römische Amphitheater. Es ist eine letzte Form; eine Grundmöglichkeit der Raumgestaltung, notwendig und durchsichtig. Eine Weise, wie viele Menschen zu »Volk« werden, sich als geformte Wirklichkeit erleben können. Mir wurde erzählt, in Verona bestehe noch die Sitte, daß in der Arena, bevor die Schaustellung beginnt, wie auf ein Zeichen alle ein Streichholz anzünden. Im Aufflammen der Lichter erleben sich da die Menschen als Einheit. Vielleicht wirkt darin noch antikes Empfinden nach.

Die römische Arena ist schön, aber die Spiele darin waren Barbarei. Wie anders das griechische Theater. In Syrakus habe ich die lichte Kraft seines Wesens gefühlt. Hineingehauen in lebendigen Fels, wundervoll sich hinaufbauend; vor ihm der weite Blick auf das Meer, auf die Ebene, auf den Höhenzug rechts. Ich hatte nie eines gesehen; aber sobald ich darin stand, fühlte ich die beglückende Selbstverständlichkeit dieser Gestalt.

Dann kam sacht die Sonne heraus – es war trübe gewesen – und der Kalkstein begann zu leuchten. Die Schönheit erwachte; jene Schönheit, die zu suchen ich hergekommen war. Als wir uns zum Gehen wandten, und von seiner Sohle die Stufen emporstiegen, lag die Sonne hell auf dem Stein. Der deuchte mir lebendiger als Marmor, und setzte sich schimmernd gegen den blauen Himmel ab. Schön war es, schön!

Und dann der seltsame Gegensatz: Wir gingen in den benachbarten Steinbruch, die *»latomia del paradiso«* und in das »Ohr des Dionysos«. Ich war mißtrauisch, einem Effekt zu begegnen, fand mich aber von etwas Gewaltigem berührt.

Sehr hoch war da ein Raum aus dem Fels gehauen und wand sich in seiner Längsachse seltsam wie ein lateinisches S. Die Wände stiegen glatt auf, überall noch Spuren der Meißel zeigend. Das gerühmte Echo sprach mit phantastischer Präzision. Was war das aber? Was ist das für ein Gedanke? Was für eine Form? Griechisch? Oder nicht vielmehr orientalisch? Jedenfalls ganz gegen-klar; Knorpel, wucherndes Organ in Stein; von unerhörter Fühligkeit der Form, wie wenn Nerv an Nerv liegt. Das Theater droben – und hier dieses »Ohr«! Und beides verbunden durch die Latomien; riesenhafte Brüche, aus denen der wunderbare Stein geschnitten wurde; Hallen, Wände, Pfeiler, mit Formen, wie ich sie noch nirgend gesehen habe. Stätten, in denen unausdenkliche Verzweiflung gewesen ist – allein die Tausende von Athenern, die hier verschmachteten. Der Stein überzogen von wucherndem, blühenden Wuchs, Steineichen, Zitronen, Lorbeer, und von der hohen Braue der Steinwand herab grünsilberne Kakteen. Und alles erfüllt von hallendem Singen der Vögel.

Von Syrakus nach Agrigent

Wie schön war die Fahrt! Schon gleich im Anfang zeigten sich in der Sonne schimmernde Bergwände. An einer lag ein Flecken, Brulico, glaube ich, hieß er. Die Häuser hatten ganz einfache Formen, immer schlicht Wand gegen Wand; Würfel mit glatten schrägen Dächern. Auch entwikkeltere Gebilde gab es, wo Zweck und Ort es verlangten.

Das alles stand wohl-durchschaubar und zu einem starken Ganzen zusammengefügt da. Lichte Flächen, helle Kanten, klare Schatten, ein tiefblauer Himmel, und dahinter das gleißende Meer.

Mit einemmal, gegen den späten Nachmittag, begannen die von jungem Wuchs bedeckten Felder zu schimmern wie kostbarer Samt, goldengrün. Wir schauten entzückt. Es wurde immer heller; die Hügel, die Berge leuchteten in Farben voll Gold. Das Allerschönste aber war es, als einmal plötzlich, von Blüten übersät, Mandelbaum an Mandelbaum stand, dazwischen grünsilberne Oliven, und hinter ihnen ein perlmuttergrauer Himmel.

Agrigent

Am Nachmittag gingen wir zu den Tempeln. Es war ein strahlender Tag; nicht häufig hier, wie uns gesagt wurde und wie nachher die Erfahrung bestätigte. Aber dieser erste und leider einzige Eindruck war groß.

Ursprünglich trug der Stein der Tempel einen Stucküberzug von marmorähnlicher Härte mit starken Farben. Beides ist nun verschwunden, und der Kalkstein liegt frei. Der aber war so, daß mir alle Vorstellungen von griechischer Gestalt umgeworfen wurden. In der Sonne brannte er in düsterroter Glut, wie ein Sonnenstoff, den man wohl bei mexikanischen Barbaren gesucht hätte, aber nicht hier. Und mir wurde in Augen und Sinn etwas deutlich, von dem ich vorher wohl gelesen, das aber vor dem gewohnten klassizistischen Bilde nie hatte Gestalt gewinnen können. Es war mir, als trete durch die schimmernde Außenform ein Kern von urwelthafter Gestalt hervor. Wie standen diese ungeheuren Säulen und Blöcke gegen den Himmel! Einem Himmel von finsterer Bläue, in welcher ein Schwarz drohte und manchmal, ganz plötzlich, ein wildes Grün. Etwas, von dem ich gelesen, und dem ich aus meinen Gedanken heraus eine Gestalt angewiesen hatte, trat mir nun leibhaftig entgegen. Das war wohl anders als das aus der humanistischen Tradition empfangene Bild! Lohende Leidenschaft! Alle blasse Zierlichkeit versank. Der Unterton der Odyssee trat hervor, und die Ilias enthüllte ihr wirkliches Gesicht.

Bevor man zum Tempel der Concordia kam, war auf der rechten Seite der Straße ein altes Landhaus. *Villa Aurea* stand darauf. Ein einziges Stockwerk, fast zu ebener Erde. Das Haus lag in einem Garten, der sich von der Straße aus sanft aufhöhte. Es war mit einem goldenen Braun gestrichen; die große Tür aber, und zu ihren beiden Seiten je zwei hohe, breite, mit Läden verschlossene Fenster mit leuchtendem, violett gebrochenem Blau. Die Villa lag in der Sonne, wirklich ein goldenes Haus, und ich fühlte, wie die Farben auf den Tempeln wohl geleuchtet haben mögen.

Wunderschön sind die Ziegen mit ihrem langen, glänzenden Haar, ihren schön gewundenen Hörnern und klugen Köpfen, wenn sie so mit festen, kräftigen, raschen Bewegungen dahertrotten. Sie haben gar nichts von dem Armseligen und Sonderbaren, das ihrem Geschlecht sonst anhaftet.

Homerisches Land! In der Meerenge von Messina die strahlende Weite und die schimmernden Küsten, nun hier die zaubervollen Berge. Ihre Formen sind wild und zart. Manchmal von schroffen Felsenzacken herabgehende Halden, auf denen durch die dünne Erdkrume überall der Stein hervortritt. Dann wieder Hügel und Hänge von unsäglicher Sanftheit, wie Menschenschultern, und Felder, die wie weicher Samt auf blühenden Gliedern liegen. Wenn dann die Zauberstunde des späten Nachmittags kommt, leuchtet eine Herrlichkeit von grünem Gold über den jungen Äckern. Die Berge stehen in allen Tönen von edelsteinernem Grau und Blau und Rosenrot und Violett und Farben, für die es keinen Namen gibt.

Alles ist voll Kultur. Überall spürt man Menschennähe, bildende Hand. Und doch alles einsam. Bei uns liegen

Höfe und Dörfer über die Felder gestreut. Die Natur ist nie allein. Immer ist ihre Einsamkeit durch Menschen und Menschenwohnungen aufgehoben. Hier scheint es keine Gehöfte und keine Dörfer zu geben, wohl der Seeräuber wegen. Die Bauern hausen in den Städtchen auf den Berghöhen. Morgens ziehen sie auf ihren Eseln aus, das Land zu bearbeiten, und kehren abends wieder heim. So aber entsteht das Wunderbare, daß jedes Fleckchen Land bearbeitet ist, überall Werk der formenden Hand, und doch über der Natur die Einsamkeit liegt. Das habe ich als homerisch empfunden. Eine geheimnisvolle Einsamkeit; ganz anders, als etwa die des deutschen Waldes. Überall fühlt man sich bereit, den Heroen zu begegnen oder Nymphen ihren Reigen schlingen zu sehen. Und manchmal kommt wohl ein Augenblick, da man auf »die Götter« wartet.

So nahe ist alles. Menschennahe, und doch so weit. So, daß der Mensch freies Dasein fühlt.

»Ithaka heißt mein Land, das schimmert am Abend«, heißt es im neunten Gesang der Odyssee. Nun weiß ich, was das bedeutet. Ich habe die Herrlichkeit gesehen, die aus den Bergen und Küsten und Städten leuchtet, wenn die Abendsonne auf ihnen ruht.

Überall reiten hier die Leute. Und sie können reiten; sitzen gut und sicher auf ihren Eseln oder Maultieren, Männer, Frauen, auch Kinder, schon ganz kleine. Und die Gestalten sind echt. Wenn sie etwa abends in ihre Tücher gehüllt und mit ihren Geräten von den Feldern heimkommen, scheint eine längst versunkene Welt wieder lebendig zu werden.

Palmsonntag im Dom zu Agrigent. Er liegt auf dem Scheitel der Stadthöhe, fremdartig, schön und still. Aber in ihm war es wahrhaftig nicht still. *Pueri Hebraeorum clamantes* …

Lange vor Beginn des Gottesdienstes fanden sich die Kinder ein. Schon eine Stunde vorher waren zwei kleine

Jungen in der Kirche. Der eine hatte einen Palmenzweig, doppelt und einhalb mal so hoch, wie er selbst, der andere einen mächtigen Olivenast. Dann kam eins nach dem andern, bis es vor dem Chor wimmelte und wedelte, und die ganze Luft voll fröhlicher Bewegung war. Dazwischen entspannen sich auch wohl Meinungsverschiedenheiten, als *ultima ratio* mit Palmen und Olivenzweigen ausgetragen, und kein Mensch nahm Anstoß. So wird's wohl damals in Jerusalem gewesen sein, als die Kinder ihr Hosanna schrien; die Pharisäer meinten, der Herr solle es ihnen verwehren, und er sagte: »Wenn diese schwiegen, dann würden die Steine rufen!« Und es war der letzte Augenblick der heiligen Geschichte dieses Volkes, da es als Ganzes vom Geiste der Propheten ergriffen war. Dem fremden Besucher kam das Volk vernachlässigt vor. Kein Geistlicher kümmerte sich um die Kinder, und es waren ihrer doch genug da. Die Leute saßen in einem ewigen Gerede herum. Das bedrückte einen; man ärgerte sich wohl auch. Aber wenn dann so plötzlich ein Gesicht nach dem andern deutlich wurde, zum Menschenantlitz wurde und von dem sprach, was hinter ihm lag; manches fremdartig, manches sehr edel, viele mit jenem Ausdruck tiefen Entbehrens gezeichnet, der in Italien so häufig ist, dann löste sich aller Einspruch. Gewiß, es könnte viel mehr getan werden – aber diese Welt steht in sich und wächst aus sich. Wie hat man das Recht, zu richten?

Eine Fahrt in den Abend hinein steht mir wie ein Märchen in der Erinnerung. Von Agrigent ging es an den Tempeln vorbei durch ein Gelände, in welchem alles mit weich gleitenden Rundungen schwang; Wellung um Wellung so zart, als atme es. Überall lagen sorgsam bestellte Felder, deren junger Wuchs gerade herausdrängte, aber nirgends sah man einen Menschen. Zuerst kamen wir nach Palma. Wie aus Tausend und einer Nacht lag es auf der Anhöhe, ganz unwirklich im fahlen Licht des bewölkten Himmels. Die schlichten, kubischen Formen der kalkbeworfenen Wände standen so, daß man auf jede Verwandlung gefaßt war. Dann ging es nach Naro, und eine Fülle des Blühens, wie sie den Weg dorthin umgab, habe ich noch nicht gesehen. Obstbäume überall; Gewalt von Blüten; eine hervordrängende, waltende, triumphierende Macht. Zwischendurch standen Oliven mit ihrem zarten Silbergrün. In der Ferne aber verlor sich alles in opalfarbenen Dunst, und alles war wie im Traum.

Dann wurde es dunkel. Man unterschied immer nur das Nächste und sonst noch die großen Formen der Berge und die Bewegung des Landes. Von Augenblick zu Augenblick trat ein Baum in das Licht des Wagens, schimmerte auf und sank wieder in das von allem Leben durchwobene Dunkel zurück.

Was für Städtchen gibt es hier! Sie liegen fast alle auf den Höhen, der Piraten wegen. Die Italiener sind Bauleute von Geblüt; sie haben den Sinn für Stein und Mörtel. Vielleicht muß man aber sagen, sie haben ihn gehabt. Nur an einem fühle ich noch jene große Fähigkeit, die Bewegung des Bodens, die Verschiebung des Raumes aufzunehmen und in das vom Zweck des Menschen geforderte Gebilde eingehen zu lassen, sodaß dieses im Gelände sitzt, wie ein Organ im Lebendigen: an den Straßen. Es gibt hier Straßen – wenn man sie fährt, fühlt man in der Bewegung eine herrlich sich vollziehende Raumgestalt; so etwa die große Autostraße auf den Monte Pellegrino bei Palermo ... Aber damit mag es sein, wie immer; jedenfalls wuchsen die wunderbar gebauten, italienischen Bergstädte hervor, als seien sie menschliche Wohnungen und zugleich Auskristallisation des Bodens und verdichtete Raumbewegung.

Solch ein Städtchen ist Naro, anderthalb Stunden etwa mit dem Wagen von Agrigent. Alles alt; barock, mittelalterlich zum Teil. Überall Schäden, aber oft wunderbar reine Formen; herausgebildet aus dem Ort und aus der Bewegung des Bodens, als seien Auge und Hand der Bauleute Organe schaffender Naturmacht geworden.

Und die Farben! Überall schlafen sie, man sieht's auf Bergen und Feldern, auf den Steinen, im Bewurf der Häuser. Ist das Licht matt, dann liegen sie gebannt und warten. Es braucht aber nur einen Sonnenstrahl, und sie wachen auf. Und dann steht etwa mit einem Mal an der Seite des Weges, vor einer gelblichen Wand, ein Kind in leuchtendem, blauen Kleid, das triumphiert. Oder eine Frau mit einem Schwarz voll inbrünstiger Kraft. Hier, an den Kleidern der Frauen, habe ich auch zum ersten Male gesehen, daß Schwarz eine Farbe ist.

Etwas Geheimnisvolles ist die Straße. Man merkt es besonders am Abend, wenn es in rascher Fahrt über sie hingeht, ringsum alles dunkel liegt, und die Lampen nur auf eine kurze Strecke hin vorausreichen. Dann tritt ihr seltsames Wesen ins Gefühl. Sie läuft, immer weiter, immer sie selber, immer anders; windet sich, steigt und fällt; hat ein seltsames Leben, und dieses Leben ist nur da, wenn es vorangeht und erlischt in dem Augenblick, da man es zum Stehen bringen will.

Besonders die kleinen Landstraßen der italienischen Provinz sind sehr schön. Ganz lebendig, wie ein noch nicht regulierter Fluß. Die Bewegung des Landes läuft in ihnen. Sie sind sensibel, wie Nerven. Wenn man auf ihnen fährt, fühlt man das Land und den Raum, und das eigene Leben läuft seltsam hindurch. Dann verschwindet das Ziel. Man fährt, nach dem Goethewort, nicht mehr, um anzukommen, sondern das Leben selber ist es, was sich da zuträgt; Bewegung durch die Dinge hin; Suche und Schicksal.

Am späten Nachmittag ging ich zu den Tempeln hinauf. Die letzten Besucher verliefen sich. Fern sank die Sonne. Wirklich, sie »sank ins Meer«. Glühend, rund bis zuletzt, sah ich sie hinter die Kimmung sinken, ganz rasch, riesenhaft, und ich kam ins Sinnen und wußte nicht, worüber. Ein Staunen über die Weltdinge kam mich an. Im Innern des Gemütes fühlte ich jene Stelle, wo einst im Menschen vor solchem Geschehen der Schauer der Verehrung aufstieg. Ich verstand, daß er anbetete.

Der Stein der Tempel erlosch. Der Mond trat hervor, hoch am kühlblauen Himmel. Ganz still wurde das Land; nur Hunde bellten. Der obere Tempel ragte dunkel. Draußen schimmerte das Meer im letzten Schein des Abends.

Und das Land dazwischen – auf dem einst die Karthager ihr Lager gegen die Stadt errichtet hatten, und dann die Römer, und vor ihnen und nach ihnen wer noch? – lag nun in mächtiger Wiege, gegen die Berge hin sich einsenkend. Alles war voll vom Laut der Zikaden. Rechts auf dem Berge lag Agrigent, mit seinen aus dunkeln Schatten funkelnden Lichtern. Ich lese immer Homer und meine, was da geschieht, müsse sich hier zugetragen haben. Ich fühle den Ton naher Menschlichkeit; die gestaltenreiche, von Abenteuern erfüllte Natur; alles von Menschenhand durchformt, und doch von einer Einsamkeit durchwaltet, die macht, daß Satyrn laufen und Heroen ihres Weges gehen könnten. Voll Zauber stehen die Berge. Städte liegen schimmernd, und hohe Burgen ragen. Und immer wieder schaut das Meer herein, bald strahlend, bald, wie gerade jetzt, vom Sturm überbraust. So menschlich ist alles. Und hindurch weht die Ahnung einer Göttlichkeit, die an den Menschen herantritt, spricht, handelt und wieder geht und unbegreiflich ist; in menschliche Gestalt tritt und sie wieder verläßt.

Alles ist nah, und alles ist fern. Bekannt und rätselhaft. Menschlich und ungeheuer. Freundlich, ja lieblich, aber zuweilen fühlt man dahinter webende Furchtbarkeit. Die Gestalten sind klar, und alles steht im Licht, aber das Licht ist voll Geheimnis.

Gestern war in Agrigent den ganzen Tag heftiger Wind. Nachts wurde er zum Sturm und fuhr gewaltig aus dem Innern der Insel auf das Meer hinaus. Herrlich ist das, wenn so, in weit hergetragenem Bogen, der Sturm herankommt, riesenhaft aushaltend, wie der Atem einer unausschöpflichen Brust. Ich bin froh, daß nach dem Sonnentag auch dieser kam. Nun ist das Bild der Schönheit dieses Landes erst voll.

Palermo

San Cataldo. Draußen vor der Kirche steht eine Palme, ein großes, edles Wesen. Drinnen sind nur die Wände, die Säulen und die drei orientalischen Kuppeln erhalten. Durch die offenen Fenster schaut überall das Freie herein. Da verstand ich die Palme und ihre heilige Schönheit. Ahnte auch ein wenig den Orient, die gelöste Fülle des Heiligen, ich möchte sagen, das Märchen in ihm, und zugleich seinen gesammelten Ernst; die Weisheit und das nachsichtige Verstehen; das Geheimnis und die darin festgehaltene Menschlichkeit.

Cappella Palatina. Sie ist voll kostbarer Bedrängnis. Erst allmählich lösten sich die Formen heraus, und die Mosaiken begannen zu sprechen. Auf der linken Seitenwand des Chores stehen Gestalten mit dem tiefen, nach innen gewandten Blick der Kontemplation. Neben ihnen die Namen, die selbst schon heilige Mächte sind, *Gregorios, Basileios, Chrysostomos.* Im Schiff *Augustinus, Leo Papa, Athanasios.*

Fahrt nach Selinunt. Sie führt durch ein Land voll intensivster Bewegung. Fülle von Farben überall. Das Meer strahlt auf wie die Herrlichkeit selbst.

In einem Orte kommen Frauen die Gasse herab und tragen auf den Köpfen schlanke, wie Amphoren geformte Krüge. Ein andermal geht ein junger Mann daher, hat einen großen Krug auf der linken Schulter, und die Rechte greift über den Kopf hinweg den Henkel, in der alten klassischen Haltung. Man ist ganz glücklich, daß es das noch wirklich gibt. Auf einem Berg uns gegenüber taucht ein Städtchen auf, Siculiana. Wie das auf dem Berge hingelagert liegt! Die Häuser stehen mit ihren ganz einfachen Formen da, immer schlicht Wand gegen Wand, darüber das in einer einzigen Ebene nach vorn geneigte Dach. Sie wachsen aus dem Berge heraus, jedes klar für sich, und bilden doch zusammen ein unglaubliches Ganzes! So, wie in einer großen Gruppe von Kristallen jeder scharf in seiner Form steht, zugleich sich mit überzeugender Notwendigkeit zum anderen stellt, sich an ihn lehnt, über ihn schichtet, ihn durchwächst.

Das Trümmerfeld von Selinunt. Welch eine Einsamkeit darüber! Und welch eine Zerstörung! Kaum eine Gestalt ist übrig geblieben. Riesenhafte Trümmer überall, so daliegend, wie das letzte Erdbeben sie niedergeworfen hat. Dazwischen die Grundlinien der Tempelbasen und die letzten Reste der Opferstätten. Eine Geschichte der Vernichtung; durch Karthager; durch Römer; durch das wuchernde Leben der darauf folgenden, allmählich verkümmernden Zeit; durch die Erdbeben, welche die ungeheuren Blöcke durcheinandergeworfen haben, wie Steinchen; und immerfort durch die Sonne und den Regen und den Wind. Eine Gestalt tritt deutlich heraus und rührt auch den nicht geschulten Betrachter tiefer an: die heilige Straße, welche von der Pforte des Tempelbezirkes zum Meer hinführte. Über ihr liegt die Erhabenheit vergangener Größe.

Überall sproßt und blüht es, drängen die zartfiedrigen, meergrünen Büsche des Wermutkrautes hervor. Überall schlüpfen die Eidechsen. Und alles wird umfangen von der lichtgleißenden Herrlichkeit des Meeres und vom Rauschen seiner langen, schaumüberrieselten Wogen!

Rom, das Griechische – man ahnt, was in Wahrheit »Welt« heißt! Nicht das mechanisch Berechenbare; nicht idyllische Natur; nicht nur weite Räume und große Massen, sondern ein Ungeheures an Dasein, an Werk, an Erlebnis, an Möglichkeit der Größe. Wie klein hat eine gewisse Art des christlichen Denkens diese Welt gemacht, sie geschwächt und erniedrigt, um ihr nicht zu erliegen! Aber ist damit, daß die Überwindung erleichtert wurde, nicht auch der

Sieg arm und das christliche Dasein klein geworden? Hängt die Größe der christlichen Überwindung nicht davon ab, daß der Gegner in seiner ganzen Gewalt gespürt werde? Ist es nicht ein Gesetz, daß, im Maße die wirkliche Größe der Welt herabgesetzt wird, auch der Rang der christlichen Existenz selbst sinken muß?

Fahrt nach Segesta. Sehr kühn steigt hinter Palermo die Straße hinauf. Von der Höhe sieht man tief drunten den Golf liegen. Dann steigt sie noch einmal an, bis zu einem Paß, überschreitet ihn und läuft nun hart an fallenden Abhängen vorbei. Wieder schaut man tief hinab, auf der anderen Seite der Paßhöhe nun, in eine weite Ebene, mit Städtchen, die wie aus scharfen Kristallen gebildet sind, und auch in diese Ebene leuchtet fern das Meer. Dann erhebt sich Bergland, heroische Landschaft. Bald mildert sie sich, alles wird lieblicher. Mit tief roter Erde liegen die Äkker. Teppiche von goldenen Blumen sind über die Wiesen gebreitet; unzählige Margeriten gestreut. Silberne Oliven immer wieder dazwischen, und immer wieder strahlt das Meer auf.

Einmal stand, mitten in den leuchtenden Wiesen, ein junges, graues Pferd, schön und kraftvoll. Im Winde flatterten Mähne und Schweif.

Mittags kamen wir zum Tempel. Wir waren ein wenig müde und nahmen einen ersten Eindruck. Empfanden das ruhige Stehen der Säulen und sahen die Innenfläche des Tempels von Tausenden im Winde nickender Maßliebchen übersät. Am oberen Rande des steinernen Gebälkes aber wehten zarte Gewächse wie silberne Flammen im Sonnenlicht.

Wir nahmen unser Mittagbrot und gingen dann, im stärker wehenden Winde, zum Theater hinauf, das weit droben auf der Höhe liegt. Überall wuchsen zwischen dem schimmernden Kalkgestein große Fenchelbüsche, Akanthus und Wermut. Wie waren die Hänge offen im reinen Winde! Und droben lag das Theater, wunderbarer Gedanke edelsten Menschengeistes. Vor ihm hingebreitet Berge und Hänge bis fern hinab an das Meer, den Golf von Castellamare. Was muß das gewesen sein, in dieser Höhe, in der Macht dieser Klarheit die Gestalten der Tragödie zu schauen! Wenn der Wind über die Berge kam, vielleicht wie heute, in großen Stößen schwellend, so rein, daß man meinte, neu zu werden.

Dann stiegen wir hinab und gingen gesammelter zum Tempel. Unsagbar herrlich waren die ragenden Säulen, Türmen gleich in der Kraft ihres Tragens! Der Wind fuhr in hellen Stößen daher, sie aber standen ruhevoll in der brausenden Gewalt. Wo sie gegen die Sonne gekehrt waren, schienen sie durchsichtig zu werden. Auf der anderen Seite aber begannen sie aufzuleuchten, in einem braunen Gold, so edel, daß einem das Herz überging. Es wurde Zeit, wegzugehen, und man konnte sich nicht trennen. Man schaute, und ging, und wendete sich wieder zurück. Was müßt ihr einst gewesen sein, ihr Gestalten, da noch eure Trümmer solche Herrlichkeit ausstrahlen! Wie habe ich eure Gewalt gefühlt! Was war das doch, das sich da aufrichtete und möglich schien? Der Tempel dort auf der Höhe, in den weiten Bergen, hinausschauend auf das ferne Meer, was ist das alles?

Dann fuhren wir fort, und nachdem die erste Müdigkeit vergangen war, waltete wieder der Zauber dieses wunderbaren Landes; die Zartheit über der Kraft seiner Berge; seine weiten Räume, durchwirkt vom Reichtum der Formen, durchbildet von Menschenhand und so ganz natürlich, von allem Häßlichen unberührt, daß durch Stunden langer Fahrt nichts begegnete, was stören konnte. Und wie wir schließlich auf der Höhe anlangten, von welcher das Gebirge in weitem Rund zum Meer hinabsteigt, Palermo und seinen Golf umfassend, da leuchteten die Berge zur Rechten in einer so unirdischen Sanftheit, daß es keinen Namen für sie gab, daß man nur schauen konnte und trauriglücklich sein.

Etwas sehr Großes haben wir heute gesehen: Monreale. Ich bin dankbar, daß es das gibt. Ich hatte die griechische Herrlichkeit empfunden. Sie kann für den Christen erdrückend werden. So ist es eine kostbare Gabe, wenn die innere Schönheit des Christlichen in einem wirklich großen Werk geschaut werden kann.

Der Tag war regnerisch. Als wir – am Gründonnerstag – hinkamen, stand das Hochamt schon nach der Wandlung. Der Erzbischof saß zur Weihe der heiligen Öle auf einer Erhöhung unter dem Triumphbogen des Chores. Der weite Raum war voll Volk. Überall saßen sie auf ihren Stühlen, still, und schauten... Was soll ich doch sagen über die Herrlichkeit dieses Raumes! Ich wüßte ihm nur San Zeno in Verona an die Seite zu stellen; aber Monreale übertrifft ihn an leuchtender Weite. Erst steht da eine Basilika in reinen Maßen. Dann kommt eine Bewegung in ihre Ruhe; sie erhebt sich, reckt sich, die festliche Klarheit ihrer Gestalt gewinnt etwas Neues, eine Sehnsucht nach oben geht hindurch – alles das aber nur soweit, daß jene schöne Klarheit bleibt. Ein kurzer geschichtlicher Augenblick also. Nicht lange, und es kommt etwas ganz Anderes. Dieser Augenblick aber ist unsäglich schön.

Gold auf allen Wänden. Gestalten über Gestalten in allen Wölbungen und in allen Bögen. Sie treten aus dem Gold hervor wie aus Weltraum. Aus dem Gold dringen Farben überall hervor und haben Verklärung in sich. Aber es war trübe. Das Gold schlief, und alle Farben schliefen. Man sah, sie waren da und warteten, und wie würde es sein, wenn ihre Herrlichkeit aufleuchtete! Nur hier und da gleißte eine Kante, und ein dunkler Schein lag auf dem blauen Mantel der Christusgestalt in der Apsis. Als sie die heiligen Öle zur Sakristei trugen, und unter den eindringlichen Melodien des alten Hymnus der Zug durch die Gestaltenfülle des Bauwerkes daherkam, lebte dieses auf. Seine Formen rührten sich. Im Wandel der Beziehungen zu den schreitenden Menschen, der Gewänder und Farben zu Wand und Wölbung, kamen die Räume in Bewegung. Die

Räume begegneten sich im hörenden Ohr und im schauenden Auge.

Das Volk saß und schaute. Die Frauen trugen Schleier. In den Gewändern und Tüchern warteten die Farben auf die Sonne, daß sie aufleuchten könnten. Die scharfgeformten Gesichter der Männer waren schön. Kaum Jemand las. Alle lebten im Blick. Da wurde mir klar, was echte liturgische Frömmigkeit voraussetzt: die Fähigkeit, im Bild und Vorgang das Heilige zu erfassen.

Dieses alles aber: dieser Raum, die Gestalten an den Wänden, die heilige Handlung, das in Frömmigkeit schauende Volk hielt vor der Erinnerung an die griechischen Säulen stand.

Monreale, Karsamstag. Als wir kamen, war die heilige Handlung bei der Weihe der Osterkerze angelangt. Dann schritt der Diakon den Hauptgang hinauf und brachte das *lumen Christi.* Das *exsultet* wurde vor dem Hauptaltar gesungen. Der Bischof saß auf seinem hohen, steinernen Thron zur Rechten des Altares und hörte zu. Es folgten die Prophetien, und ich empfand den erhabenen Sinn dieser Bilder. Dann kam die Taufwasserweihe in der Mitte der Kirche. Um das Becken herum saß die ganze Assistenz, inmitten der Bischof, das Volk weit umher. Darauf brachten sie Kinder; man sah den ergriffenen Stolz der Eltern, und er taufte sie. Alles war so nahe. Die Haltung des Volkes gelöst und andächtig zugleich, und wenn Einer zum Anderen sprach, störte es nicht.

So nahm die heilige Handlung ihren Gang; verteilte sich durch die große Kirche, war bald im Chor, bald in den Gängen, bald unter dem Triumphbogen. Die Weite und Formkraft des Raumes nahm jede Bewegung und jede Gestalt auf, machte sie gegenwärtig und verband sie zur Einheit. Von Mal zu Mal fiel ein Sonnenstrahl durch das Gewölk, und dann ging ein goldenes Lächeln durch den hohen Raum. Und wo immer auf einem Gewand oder einem Kopftuch eine Farbe wartete, wurde sie von dem Golde, das die Weite erfüllte, angerufen, zu ihrer ganzen Kraft gebracht und in eine webende, das Herz beglückende Harmonie aufgenommen.

Das Schönste aber war das Volk. Die Frauen mit ihren Kopftüchern, die Männer mit ihren Decken auf den Schultern. Überall durchgeformte Gesichter und gelöste Haltung.

Kaum einer las; kaum einer betete für sich. Alle schauten. Über vier Stunden währte die heilige Handlung, und immer war lebendiges Dabeisein. Es gibt verschiedene Arten betender Anteilnahme. Die eine geschieht durch Hören, Reden, Handeln; die andere schaut. Jene ist gut, und wir kennen fast keine andere. Aber es ist uns etwas verloren gegangen, was hier noch war: die Fähigkeit, im Blick zu leben; aus Gestalt und Vorgang schauend das Heilige aufzunehmen … Wie ich weggehen wollte und plötzlich all die Augen auf mich gerichtet sah, habe ich mich fast erschrokken abgewendet, als dürfe man in diese Augen, so auf den Altar geöffnet, nicht hineinblicken.

Fahrt nach Cefalù. Die Tage her hatte es geregnet, und die Augen verlangten nach Sonne. Nun war sie da. Die Fahrt ging dem Meere entlang, und es war ein Labsal, zu sehen, wie die Blätter der Ölbäume im Lichte flimmerten; wie das Laub der Zitronenbäume dunklen Glanz hatte, und die Wiesen von unzählig darübergestreuten goldenen Blumen leuchteten. Dazwischen standen ganz schwarz die Zypressen, und immer wieder schimmerte die Weite des Meeres.

Auf dem Wege nach Cefalù sah ich eine Brücke, die wie ein Urbild anmutete. Der Fluß war breit, so mußte die Wölbung sehr hoch genommen werden. Zwei Rampen stiegen erst, um Höhe zu gewinnen, den beiden Flußufern gleichlaufend empor. Dann bogen sie in scharfem Winkel ein und hoben sich, in einem ganz schmalen Scheitel gipfelnd, mit wundervollem Schwung über den Fluß. Das war sehr schön: die breite Verankerung im Ufer; das rasche, leichte, hohe Aufsteigen; und oben, mit einem Mindestmaß an Last, der zierliche Scheitel!

In Cefalù. Der Dom ragt wie eine Gottesburg empor, und die Stadt liegt zu seinen Füßen. Inwendig hat ihn das Barock verwüstet. Das Barock hat ja immer zerstört, wohin es kam.

Wenn man die alten, edlen Stile liebt, die vorausgehen, möchte man es hassen, so groß seine Kunst sein mag. Und wenn man auch die Abneigung vor irgend einem seiner Werke vergißt, so erwacht sie doch bald wieder, sobald es mit seinem Prunk neben Bauten tritt, die jene heilige Innerlichkeit haben, altchristliche, oder romanische, oder gotische.

Geht man hinter dem Dom die Höhe hinauf, so sieht man den ungeheuren Horizont des Meeres daliegen und quer durch ihn steigt mit seiner gewaltigen Senkrechten der Chor auf. Zwei Urgebilde: das Meer und der Gottesbau.

Als der Gottesdienst in Monreale begann, sah ich einen Bauern hereinkommen. Er streckte von fern die Hand mit geöffneter Fläche dem Altar zu, führte ihren Rücken zu den Lippen und küßte sie. Welch menschlich-schöner Gruß!

Nach Neapel

Über dem Golf von Palermo sahen wir fern die Schneeberge stehen, kostbar weiß.

Dann kamen sie wieder, als nach Cefalù der Abend erlosch, und die rosige Perlenfarbe des Meeres sich in kühles, bald graues, bald stählernes Blau verwandelt hatte. Da waren sie von einem zarten Rosenrot übergossen.

Endlich standen sie ganz nahe, hoch über der Ebene, in einer unwirklich kalten Bläue. Nun sind sie fort. Es ist vorbei und ist ein Abschied gewesen.

Von fernen Bergen ging die Ebene her. Darin erhob sich ein Hügel, durch einen breiten, ebenen, mauerumschlossenen Garten gekrönt. In dem stand eine Villa, ganz einfach, ein großer, edler Würfel. Auf dessen Vorderseite zog die Wand sich ein, und eine Reihe von Säulen trug, in der Wandfläche stehend, das Dach dieser inneren Terrasse. Großes, frei für sich stehendes Dasein. Nichts herum, was bedrängte.

Dann ging der Blick weiter und traf, gleichfalls auf einem Hügel, eine Pinie. Auch sie ein großes Wesen einzeln für sich im freien Raum. Warum muß man immer in Massen sein?

Hinter Palermo liegt eine Villa nach der anderen. Es wäre eine schöne Aufgabe, die italienische Villa als Ausdruck menschlicher Existenz darzustellen. Was es bedeutet, wenn Menschen das ganze Erdgeschoß opfern, um eine große Treppe und die Freude des freien Emporsteigens zu haben; oder wenn sie allen Nachdruck auf einige große Räume legen und dafür die Bequemlichkeit behaglichen Schlafens außer Acht lassen; was die Terrasse ist, was der *viale.*

Auf dieser Reise habe ich dreimal schön fliegende Vögel gesehen.

Zuerst am Golf von Palermo eine einzelne Möve, die sich weiß und schlank in schwingenden Kreisen über dem blauen Meer wiegte.

Über Piana dei Greci einen Habicht, so tief kreisend, daß man den edlen Kopf sah, wie er kurz und scharf zwischen den beiden kräftigen Schwingen saß.

Endlich über Segesta, in dem Wind, der in hellen, heftigen Stößen daherkam, einige Krähen. Ohne Flügelschlag stiegen sie fast senkrecht auf; segelten gegen den Wind; warfen sich herum und wurden von dem gewaltigen Atem fortgetragen; gewannen wieder Stand und schwebten in Augenblicken bewegungslos.

Wie Gärten der Hesperiden lagen die Zitronenpflanzungen im Abendlicht. Tief grün glänzten die Blätter; golden rot in der untergehenden Sonne die Früchte. Und zwischendurch standen weißblühende Kirschbäumchen, und Pfirsichstämmchen duftig-lila.

Am Meer entlang. Da war zu sehen, daß es eine der großen Herrlichkeiten ist. Groß, und machtvoll, und von der zartesten Schönheit. Zwischen den steinigen Küsten lag es, wie das Wesen geschmolzener Perlen, von kühlem Hauch überronnen und von funkelnden Lichtern, und neben jedem Licht lief eine kleine Dunkelheit. Auf dem Himmel lag ein tiefes Rosenrot, und von dem ging ein sehnsüchtiger Schein über die kostbare Kühle zu uns her.

Es war ein Augenblick, da die Sehnsucht schon in der Gegenwart selbst lag, denn er war so kurz, daß man in seinem Währen schon das Vergangensein spürte.

Neapel

Lang habe ich im Museum zu Neapel vor dem Dionysos gestanden. Welch ein Nacken! Welch eine Fülle des Hauptes! Alle Gluten liegen in diesem Haar, alle Kräfte der Natur, des Frühlings, der Verzauberung – wie denkt man an Ariadne! Stets neu aufspringende Leidenschaft, sich in immer neue Klarheit der Form gestaltend. Eine Genußfähigkeit voll Kraft und differenziertester Feinheit. Was alles in den züngelnden Locken über dem Ohr liegt! Es ist ein Mann, kein Jüngling. Er hat sich zum Gelage geschmückt. Er wird eine Symphonie aller Lust daraus machen. Aber während er sich bereitet, erfahren und naiv-freudig zugleich, faßt es ihn, und er setzt sich nieder und versinkt in unendliche Traurigkeit… Darüber, daß das, was sein möchte, nicht sein kann. Daß das, was ist, doch eigentlich unmöglich ist. Er, der Lustfähigste, ist der Leidendste, der ganz Wissende. Wissend um die innere Unmöglichkeit des Menschlichen, um die Unmöglichkeit der Götter, um die Unmöglichkeit des Lebens.

Es ist wohl wahr, etwas Tiefes in diesem Haupte gemahnt an Christus. Man denkt an die Verbindung, die Hölderlin und Nietzsche von Christus zu dem Evier gezogen haben. Aber wie sollte dieser erlösen! Er ist ja weder der Entsagung noch der Überwindung fähig. Er ist ja selbst verfallen! Sein Leiden ist im Tiefsten unfruchtbar; das weiß er, und das ist die Ohnmacht seines Leidens. Einen Augenblick aber, und er wird sich erheben, zum Becher greifen und vergessen.

Rom

Zwei Dinge rühren einem ganz nah ans Herz: Das Griechische und das Altchristliche. Gewiß, sonst noch Herrlichkeit genug. Aber hier webt etwas Besonderes. Eine Innerlichkeit, eine Schönheit, und mehr noch.

Santa Maria Maggiore. Wir kamen gegen Abend an den schwingenden Hügel ihrer Stufen, als der Stein im Abendlicht zu schimmern begann. Der Kirchendiener wollte schon das Tor schließen, ließ uns aber noch ein. Im dämmernden Raum verschwanden die Einzelheiten, und nur die Größe seiner königlichen Gestalt redete.

Der Raum der Basilika ist heilig. Sie kann die hoheitsvollste Größe haben, immer hat sie auch eine Gegenwärtigkeit, die alles nahe werden läßt. Ein Geheimnis von besonderer Heiligkeit und Schönheit.

Wenn man in eine Kirche tritt, und eine Melodie des gregorianischen Chores entgegenkommt, ist sofort die Welt der heiligen Geheimnisse da. Ich habe das zum erstenmal empfunden, als ich vor fünfundzwanzig Jahren nach Beuron kam, und es erwacht immer neu. Damals meinte ich, es müsse eine klassische Mystik geben, wie es die nordische, eine gegenständliche, wie es die der persönlichen Einmaligkeit gibt. Heute stellte der Gedanke sich wieder ein, und ich hatte an ihm nichts zu ändern. Es ist das Mysterium der Kirche; die Melodie des *corpus Christi mysticum.*

Das heimliche Rom.

Das ist San Clemente. Von dem habe ich schon erzählt, wie es hinabführt, Zeit um Zeit... Santa Sabina an dem sonne-übergossenen, von Mauern umschlossenen Platz, mit ihrem klaren Raum … San Giorgio in Velabro. Eine uralte, unregelmäßig gebaute Basilika. Anspruchslos, wie ein Abkömmling aus ältester Familie, der schlicht und ein wenig sonderbar seines Weges geht. Nun neu geweiht dadurch, daß es die Titularkirche Newmans war … San Gregorio, wo das erste Benediktinerkloster in Rom stand, von Gregor dem Großen gegründet. Kommt man die schöne Treppe hinauf und tritt in den ersten Hof, dann öffnen sie einem – ein Bruder mit einem Gesicht, wie auf einem Bild von Masaccio tat es für uns – zur Linken ein Pförtchen, und man ist in einem Garten mit herrlichen Pinien. Rechts drüben blickte der Palatin, links der Monte Testaccio her. Vor uns standen zwei schräg gegeneinander gerichtete, durch ein Mittelglied verbundene Kapellen. Die eine ist der heiligen Silvia geweiht, Gregors Mutter, die drüben in Santa Saba wohnte; die andere das *triclinium pauperum,* mit einer edlen Statue des königlichen Heiligen, und einem großen, marmornen Tisch, an dem er die Armen zu speisen pflegte. Darauf sind die Worte eingemeißelt:

Bis senos hic Gregor pascebat egentes
Angelus et decimus tertius accubuit.[1]

Santa Saba, nicht weit davon, in einem stillen, schon ein wenig verwilderten Garten, an dem noch die Hand der einst verbannten Mönche fühlbar ist, und mit einer schönen *loggia* in der Stirnwand der Kirche. Eine innige, kleine Basilika. Unter dem Hauptaltar die Gruft, von einer Schlichtheit, die ans Herz geht. Über dem Grabe die Platte des Altares. An diesen Ort hatte sich die Mutter Gregors zurückgezogen und besuchte von hier aus ihren großen Sohn. Und wie traulich der kleine Kreuzgang der Kirche der *Santi quattro coronati* von Paaren winziger Säulchen getragen; in der Mitte der Brunnen, mit der tiefen Stille sei-

1 Zweimal sechs der Bedürftigen speiste Gregor allhier. Als der Dreizehnte saß still ein Engel dabei.

nes Plätscherns. Wie webt es in diesen alten Kirchen christlicher Frühzeit! Eine Schlichtheit gläubigen Daseins, in welcher noch die edle Form des Altertums nachwirkt; innig, still und menschlich. Das Heilige ist hier nah. So wie es nahe ist in Monreale, und fern in den meisten der prunkenden Kirchen, wie sie überall stehen. Hier ist Heimat und Sehnsucht zugleich.

Briefe vom Comer See

I

Lieber Freund!

Denkst Du an den Nachmittag droben am Waldrand, wo die beiden Bussarde horsten? Von Zeit zu Zeit glitten sie hinaus in die blaue Weite. Das Auge ruhte in ihren Kreisen; das Leben unseres Inneren sammelte sich in das Auge, und, von der Gewalt der klaren, schwingenden Kraft dort oben getragen, durchspürte unser ganzes Sein die Fülle des Raumes …

Drunten fern ragten die Ketten der Berge in ihren reinen Zügen, und dahinter wartete das Land, das ich seit zwanzig Jahren nicht mehr gesehen; ich wußte, nun ich als Mann wieder hinging, würde es viel für mich bedeuten. Wir sprachen über so manches; eigenes Leben und das, was im Ganzen, Allgemeinen geschah, wob sich in eins. Da suchte ich auch eine Frage zu fassen, die ich überall empfand. Schon lange spürte ich sie, wie sie immer stärker hervordrängte, und ich wußte, davon, ob wir die Antwort finden, die lebendige des Seins, nicht nur des Gedankens, hängt viel für unser Leben ab.

Dann kam ich nach Italien, und dort wurde die Frage ganz schwer. All die Schönheit dort hat sie mir mit Trauer gefüllt. Nun bin ich zum zweiten Mal da, und es ist Zeit, daß ich das alles zu fassen versuche. Sehr viel liegt in der Frage. Sie will den Sinn wissen von dem, was vor sich geht. Die Antwort stellt uns vor eine Entscheidung, und ich weiß nicht, was in alledem stärker sein wird: das Geschehen mit seinem unentrinnbaren Zwang, oder Einsicht und überwindendes Schaffen.

Wir haben so viel miteinander bedacht all die langen Jahre her. Du weißt, was hinter so manchem Worte steht;

das wird mir helfen. Es kann ja nichts Endgültiges sein. Mir ist, als stehe ich mitten in einem Wogen; überall bricht es, strömt, sinkt und schwillt. Ich will sehen, ob ich die Richtung finden kann und die Wege. Ich will wissen, was in all den tausend Gestalten und Ereignissen unserer Zeit vor sich geht. Ich fühle mich daran beteiligt, so tief, daß ich sehr erschrak, als es mir zum ersten Male ganz klar wurde. Ich muß wissen, was das ist. Du kennst die Sage von Oedipus, wie er von der Sphinx befragt war, und sein Leben hing daran, ob er die Antwort fand. Mir ist, als seien wir so befragt; ich ganz persönlich mit. Ich weiß noch nicht, wohin die Frage führen wird. Ich fange an und setze Schritt vor Schritt …

Kaum hatte ich italienisches Land betreten, da fühlte ich viel Bedeutungsvolles mich ansprechen; darunter aber etwas, das sehr traurig machte. Was Europa ist, trat mir entgegen; was Zugehörigkeit zu einem Volk, die des Blutes, aber auch die der Treue und des Geistes; was Menschheit und Welt sind – oft war mir, als seien diese Dinge wirklicher Boden, auf dem ich ging; eine wirkliche Luft, ein wirklicher Raum, zum Leben so notwendig, wie der Raum draußen und die Luft, die ich atme, für den Körper. Das alles aber war groß und stark. Es war nicht jenes Traurige. Dies war: ich fühlte, wie um mich her ein großes Sterben begonnen hatte …

Wie soll ich's Dir nur sagen? Sieh, was droben im Norden schon fast vollendet ist, sah ich hier anheben. Ich sah die Maschine in ein Land einbrechen, das bisher Kultur gehabt. Ich sah, wie der Tod über ein Leben von unendlicher Schönheit kam, und fühlte: das ist nicht nur ein äußerer Verlust, den man hinnehmen kann, und doch bleiben, was man ist; sondern es gibt ein Leben, und eines von höchstem Wert, das kann nur in dieser Welt bestehen, die bei uns längst versunken ist, und hier nun unterzugehen beginnt.

Als ich durch die Täler der Brianza fuhr, von Mailand

zum Comer See, üppig, von emsigem Fleiß gepflegt, umschlossen von herben Bergen, alle Formen kräftig und weit, da wollte ich meinen Augen nicht glauben. Überall durchwohntes Land. Täler und Hänge von Ortschaften und Städtchen bedeckt. Die ganze Natur vom Menschen her durchformt. Was Kultur ihrem feinsten Sinne nach heißt, trat mir entgegen, voll Wohllaut. Die Linien der Dächer fügten sich in vielfacher Führung zu klarer Einheit; ihr Zug lief durch das ganze Städtchen, wie es auf einem Berge saß, oder durch die Schwingungen eines Tales hingelagert war, mannigfach gegliedert, und gipfelte schließlich im starken Höhenton des Glockenturmes. Aufgefangen alles, umfangen von den wohlgebauten Massen der Berge. Kultur, ganz edle, und dabei so selbstverständlich, so – ich habe kein anderes Wort – natürlich! Durchformt, durchgeistet, und doch vollkommen schlicht. So, wie ich sie dann oft wiedergefunden habe im Benehmen des einfachsten Mannes, in seinem Wort und Gehaben, ohne daß er um sie besonders gewußt hätte. Es war ihm ins Geblüt und in die Faser seines Wuchses übergegangen, das Erbe jahrtausendalter Formung. Natürlich gewordene Kultur …

Ich weiß nicht, woher ich die Worte nehmen soll, um dieses Wunder voll Licht zu sagen, das uns, wenn wir darin leben, so selbstverständlich wird, wie Luft und Sonne! Es ist eine Atmosphäre, in der alles steht; ein Rhythmus, der über allem schwingt; eine Weise des Seins, in dem Menschentum gedeiht. *Urbanitas* – das Wort bedeutet ja eigentlich städtisches Sein, Stadtluft, in welcher aber die *humanitas,* edles durchformtes Menschenwesen gedeihen kann. Und die Natur ist hier so, daß sie ohne weiteres in diese Kultur übergeht. Nichts Kulturfremdes, Gegensätzliches, das sterben müßte, wenn dieses Menschentum und dieses Stadtwesen und diese Kunst zu ihm kommen. Ich kann nicht ausdrücken, wie menschlich diese Natur ist, und wie man darin die Möglichkeit fühlt, Mensch zu sein in einem ganz klaren und doch unausschöpfbar tiefen Sinn.

Nun aber sah ich auf einmal im singenden Linienzug einer kleinen Landstadt den groben Kasten einer Fabrik! Sah, wie in der Gestalt einer Ortschaft, in der alle Anstiege und Senkungen, alle Maße und Gliederungen sich zu einer einzigen, klaren Melodie fügten, neben dem hohen Campanile auf einmal ein Schornstein stand und alles zerriß. Es war wohl furchtbar! Du wirst Dir ein wenig Mühe geben müssen, um das zu verstehen! Droben im Norden sind wir es gewohnt. Wir wissen nicht anders, als daß unsere Umwelt verwüstet ist. Wir haben sogar gelernt, im Unvermeidlichen das Wertvolle zu sehen. Uns beginnen die Augen aufzugehen für die Größe dieser neuen Welt, und wir finden bereits die Kraft der Schau und der Hand, sie zu gestalten. Hier aber war es anders! Hier lebte noch menschennahe Form. Hier war noch menschlich durchwohnte Natur. Und nun sah ich die Zerstörung einbrechen. Da habe ich empfunden, was mir droben in langer Gewöhnung gar nicht mehr bewußt war: die Welt der natürlichen Menschlichkeit, der menschendurchwohnten Natur geht unter! Was das für eine Trauer ist, kann ich Dir nicht sagen. Als hätte man etwas gefunden, von dem man weiß, es ist köstliches Leben – und nun sieht man, wie es dem Untergang zuneigt. Hier habe ich Hölderlin verstanden!

Ich fühle es deutlich, eine Welt kommt herauf, in welcher »der Mensch« – in diesem besonderen Sinne – nicht mehr leben kann. Eine irgendwie unmenschliche Welt. Und ich fürchte, der Südländer kann sie nicht meistern. Den grimmigen Ernst, die gewalttätige Kraft, das innere Gewachsensein dem Ungeheueren gegenüber, was alles hier gefordert ist – ich fürchte, das hat er nicht. Die Welt der Maschine kommt aus dem Norden; der Norden zwingt sie. Im Süden wird sie nackte Barbarei bringen.

Sinkende Zeit macht immer traurig; aber besonders tief liegt die Schwermut über einem Leben, das dem Untergang geweiht ist, und von dem man fühlt, es gehört zu uns. Da versinken eben Möglichkeiten zu leben …

Unaussprechliche Schönheit ist hier; aber ich werde ihrer nicht froh. Ich verstehe nicht, wie ein sehender Mensch hier froh sein kann.

VI

Lieber Freund!

Dieser Tage ist mir so deutlich zu Bewußtsein gekommen, daß es zwei Arten des Erkennens gibt. Eine führt zur Versenkung in das Ding und den Zusammenhang. Der Erkennende sucht einzudringen, innezuwerden, mitzuleben. Die andere Weise aber packt, zergliedert, ordnet in Fächer; nimmt in Besitz, herrscht …

Doch nein, so einfach liegt die Sache nicht. Auch jene erste Erkenntnisweise bedeutet einen Besitz und macht den Wissenden fähig, mit starkem Griff die Dinge zu erfassen. Ich bin heute den ganzen Nachmittag auf der Halbinsel herumgelaufen, die zwischen dem See-Arm von Como und dem von Lecco liegt. Die Ereignisse in Manzonis »Verlobten« tragen sich hier am See zu; daher sind manche Namen der Gegend wohl vertraut. Wie ist dieses Land vom Menschen ergriffen! Die Wege folgen den Hügeln, eilen, schmiegen sich, durchspüren sie, laufende Bahnen ihrer plastischen Bewegung. Die Gärten steigen hinauf und hinab, nisten sich in die Falten, breiten sich auf den Hängen; ihre Gesträuche und Bäume – oft erlesene Geschöpfe – gehorchen den Winken von Boden und Licht, und bringen sie in feinformigen, duftenden Gebilden zur Gestalt. Alle Biegungen des Geländes, alle Herblicke des Sees sind genutzt; und irgendwo, recht im Herzen dieser lebendigen Bereiche, sitzt die Villa, und sind die Menschen darin offenen Auges und Herzens, und kein hergelaufenes Geldvolk, dem ein Motorrad bedeutsamer dünkt als ein edles Stück Menschendasein, so können sie mit lebendigem Gespür all das schwellende, steigende, wachsende und blühende Gewirk durchpulsen. Wie ist hier Natur in Besitz genommen, gesehen und verstanden! Wie gehorcht sie der unbewußt wissenden Hand! Wie wachsen die Bäume zu edelster Gestalt, ohne künstliche Mittel. Wie folgt das Land dem formenden Willen, der befiehlt, daß es – oft weiter, weiter Bereich! – Wohnung werde, lebendig schwingender, antwortender Menschenraum. Aber es ist eine sanfte Herrschaft. Unwiderstehlich stark, denn sie läuft durch die erfühlten Nerven der Natur, aber mild. Ich möchte fast sagen, so, wie die Seele Stoffe und Kräfte zum Leibe baut und regiert.

Das andere Wissen und seine Herrschaft sind tief verschieden. Es erwacht bereits in der Renaissance, aber zur Wirkung kommt es doch erst in der neuesten Zeit. Dieses Wissen schaut nicht, sondern analysiert. Es versenkt sich nicht, sondern packt zu. Es baut nicht ein Wesensbild, sondern eine Formel. Sein Wille ist, das in Gewalt zu bekommen, von dem aus das Ding erzwungen werden kann: das rational formulierbare Gesetz. Damit ist auch Grundlage und Charakter seiner Herrschaft gegeben: Zwang, willkürlicher, aller Ehrfurcht barer Zwang.

Jene erste Art zu herrschen spürte hinein, erfaßte die Zusammenhänge, entband Kräfte, machte Möglichkeiten wirksam, hob das Gewünschte hervor, unterstrich es, drängte anderes zurück. Es war ein Kennen, Zur-Geltung-Bringen, Anregen, Lenken, Abtönen natürlicher Kräfte und Verhältnisse. Alles Geformte blieb irgendwie Natur. Gewiß durchgeistet; menschlichen Absichten, Wesensbildern, Wesensbeziehungen dienstbar gemacht. Aber immer in organischem Zusammenhang mit der Natur. Es war ein Herrschen durch Dienst; ein Schaffen aus natürlich-gewiesenen Möglichkeiten heraus, das letzte gegebene Richtungen nicht verließ, gesetzte Grenzen nicht überschritt. Jetzt stehen, kraft der gefundenen Formel, Energien und Massen in beliebigem Maß zur Verfügung. Sie sind den organischen Zusammenhängen entzogen, zu jeder gewünschten Verwendung beweglich. Und der neue Herrschwille fühlt sich in keiner Weise durch natürliche Gestaltungsbahnen und Maß-Setzungen gebunden, ja er ist solchen gegenüber überhaupt gleichgültig. Er setzt seine Ziele willkürlich; aus rationalen Erwägungen heraus – oder sollten doch Zusammenhänge in diesen Zielsetzungen liegen? Noch nicht durchschaute? Eine andere »Natürlichkeit«, die aber noch unbewußt ist? Anderen Maßes und Charakters als die jetzige, daher zerstörend in diese eingebrochen? Aber lassen wir das. Jedenfalls wirkt sie jetzt wie Willkür. Sie offenbart keine inneren Bindungen. Und da sie die Formel der Naturkräfte besitzt, kann sie diese willkürlich zum Gehorsam zwingen.

Das ist der Charakter des neuen Wissens und Schaffens: Erkenntnis der Zwingmöglichkeiten; Herrschaft und Zwang nach willkürlich gesetzten Zielen. Die moderne Physik und Chemie haben solche Herrschaft über Stoffe und Kräfte gebracht. Diese müssen gehorchen. Und zwar ist es keine lebendige Durchfühlungskraft, die herrscht; keine Fähigkeit, den inneren Bahnen des Wirklichen zu folgen und daraus zu gestalten, sondern mechanische Gesetze sind da, ein für allemal festgestellt, von jedermann zu handhaben. Stoffe und Kräfte werden verbunden, gelöst, gesprengt, verändert, gerichtet nach Belieben. Kein Gefühl des Organisch-Möglichen; des Lebendig-Zuträglichen; kein Empfinden natürlichen Maßes bestimmt das Verhalten, sondern rational erdachter und willkürlich gesetzter Zweck. Auf Grund der erkannten Formel sind Kräfte und Stoffe in zweckgerichteten Zustand gebracht: Maschinen. Maschine ist Formel aus Eisen, auf einen bestimmten Zweck gerichtet.

Wie Stoff und Kraft, so wird der Raum bezwungen und die Zeit: durch die Mittel des Verkehrs und Nachrichtenwesens. Dazu die Mittel der Vorberechnung des Kommenden, und die Aufbewahrung des Vergangenen. Die neuere Biologie, die Lehre von den Bedingungen und bestimmenden Einflüssen des Wachstums, von den Vererbungs- und Züchtungsgesetzen, werden zur Technik ausgebaut, und theoretisch wie praktisch gelehrt. So erhalten wir eine rational-arbeitende Beherrschung pflanzlichen und tierischen Lebens. Was Adel der Leistung angeht, war die frühere wahrscheinlich überlegen. Aber diese ist allgemein lehrbar, technisch klargelegt, in feste Methoden ausgearbeitet.

Alles das aber, und darauf lege ich den Nachdruck, nicht als besondere Neigung Einzelner, sondern als allgemeine Haltung der ganzen Zeit. Anerkannt als Ziel; in feste Haltungen, in unwidersprochene, zur Anlage gewordene Maßstäbe und Strebungen, in alles bestimmende Strukturen des kulturellen Lebens verdichtet.

In der Politik die gleiche Erscheinung. Die Statistik schafft die Unterlagen; ein Apparat von Beamten gebraucht sie und übt so Herrschaft. Die Zeitung formt, gewissen zweckgerichteten Parolen dienend, die öffentliche Meinung. Plakat und Film desgleichen. Ebenso rational, maschinell, willkürhaft arbeitet die ungeheuere Organisation des wirtschaftlichen Lebens. Sie dient der politischen und beherrscht diese. Sie greift auf's tiefste in das geistige Leben ein: durch Zeitung und Radio; durch Konzernierung der Verlagsarbeit, des Theaters, des Musik- und Reisewesens und so fort. Ein gewaltiges Gefüge von Unterrichtsplänen, vorgeschriebenen Bildungswegen und Bildungsmitteln prägt Richtung, Charakter, Grundvorstellung der Erziehung und des Unterrichts und zwingt, auf dem Satz vom Erziehungsrecht des Staates ruhend, alles in dieses System. Welches System, durch stets feinere psychologische und bildungsbiologische Untersuchungen und Methoden, immer unentrinnbarer die lebendige Substanz formt und den sittlichen Charakter beeinflußt.

So bildet sich eine Technik der Beherrschung des lebendigen Menschen aus. Mit alter Lebensformung verglichen ist sie primitiv. Aber sie ist rational unterbaut, in einem ungeheueren System verkörpert, und packt mit einer so brutalen Gewalttätigkeit an, wie es jener nie beigefallen wäre. Ist doch die Möglichkeit freien Aufwachsens und zentraler Formung der Person für die Meisten vollkommen verschwunden. Und wie weit diese Beherrschung des lebendigen Menschen geht und noch gehen kann, mag der Hinweis auf die Methoden der Suggestion andeuten.

Noch vieles ließe sich sagen. Auf allen Gebieten des menschlichen Seins und Schaffens das Gleiche: rational forschend findet das moderne Erkennen die Gesetze und Formeln des Geschehens; setzt sie in Technik, in Apparat und Methode um; und während der Mensch alle inneren Bindungen durch organisches Maßgefühl und naturfolgende Bildungsgestalt verliert, während er innerlich bild-, maß-, richtungslos wird, bestimmt er willkürlich seine Ziele, und zwingt die beherrschten Naturkräfte, sie zu verwirklichen.

So muß die alte Kultur verschwinden. Was heraufkommt, ist nicht etwa nur der Ausdehnung nach größer, stärker, sondern der ganzen inneren Ordnung und tragenden Haltung nach verschieden. Und überall sehen wir echte Kultur untergehen, und etwas heraufkommen, von dem das erste Empfinden sagt, es sei barbarisch. Erst die Überlegung, und dann ein anderes, tiefer liegendes Empfinden weisen auf die Möglichkeit hin, im chaotisch Wirkenden möchte sich eine neue Ordnung anzeigen; eine Ordnung, die anderes Maß und eine andere tragende Haltung hat. Aber ob das wirklich so ist?

Ob sich da nicht die Not eine Theorie macht? Und zerstörtes Empfinden eine Rechtfertigung sucht?

Jedenfalls kommt die sorgende Frage: Was wird aus dem Leben, wenn es in die Gewalt dieser Herrschaft gerät? Lebendiges Geschehen geht eigene Wege; wachsende Wege; fühlende, vielverschlungene. Es hat eine tiefe Sicherheit. Und ist es gleich so unendlich zart, so ist es auch wieder unbegreiflich stark, unverwüstbar kräftig, solange es in seinen wesenhaften Bahnen bleibt.

Diese Bahnen aber laufen ins Dunkel. Dieses Schaffen geht unbewußt. Geht oft scheinbar ganz ohne alle Regel; geht »wie es will«. Was wird, wenn es in die grelle Bewußtheit rationaler Formeln; in die Gewalt technischen Zwanges gerät?

Ein System von Maschinen legt sich um das Leben. Das

wehrt sich; es sucht freie Luft und geborgenen Grund. Aber was hilft ihm das?

Kann Leben lebendig bleiben in diesem System?

VII

Lieber Freund!

Wir sind von der See-Mitte im Ruderboot bis an's Ende des Armes von Como gefahren. Über acht Stunden waren wir auf dem Wasser, immer das Ufer entlang mit seinen Ortschaften, seinen Gärten und Villen. Welche Fülle! Da war bei Bellagio die Villa Melzi mit ihrem wunderschönen Garten. Nicht weit von ihr stieg der Viale Giulio zu seiner Villa in breitem Anstieg empor, uralte Zypressen zu beiden Seiten. In einem düsteren Winkel des Sees, ganz schweigend, die Villa Pliniana, ich glaube, aus dem 16. Jahrhundert. Ihre Loggia fällt steil ins Wasser ab. Ihr zur Seite gewaltige Zypressen, und sie selbst ist erfüllt von ewigem Rauschen einer Quelle – denn diese Quelle, einst von Plinius beschrieben, ist die eigentliche Herrin des Hauses. Köstlich in den See hinaus gelagert, ganz von Sonne umflossen, die Punta del Balbianelb ... Und so immer weiter. Edles Werk, von edler Menschlichkeit getragen, und ein Menschentum in ihm möglich, das sonst nicht atmen kann.

Wir sprachen über das alles, mit einer Freude, in der Bitterkeit war, und ein Ausgeschlossensein. Da sagte mein Bruder: »Das alles ist nun vorbei. Es kann nur sein, solange Wenige sind, die es genießen. Kunst kann nur sein für Wenige. Sobald die Masse kommt, geht sie zu Grunde.« Ich habe mich dagegen gewehrt, und sehe nun noch klarer, was an dem Wort unrichtig war. Aber niederdrückend viel Richtiges ist daran! Echte Kultur – ob alle? Gewiß aber jene, die bisher gewesen – echte Kultur, sei es nun politische oder künstlerische, Gesellschaft oder Philosophie, religiöse Kultur nicht minder, wird von Wenigen getragen. Was aus der Vergangenheit so stark zu uns her spricht, ist von der Aristokratie der kleinen Zahl bestimmt.

Es ist wenig, schon dem zahlenmäßigen Bestande nach. Uns scheint immer, aus der Vergangenheit quelle eine Überfülle an Werk und Leistung. In Wahrheit ist es eine Überfülle an Bedeutung, an Kraft und Vollendung; intensive Fülle. Der Zahl nach ist es gar nicht viel, wenn wir die Zeit bedenken, die daran geschaffen hat. Klein die Zahl von Bildwerk, Bau und Dichtung; klein die Zahl der Gestaltungen von Staat, Religion, Gesellschaft, gemessen etwa an der Masse dessen, was heute hervorgebracht wird. Ich könnte mir denken, daß Berlin allein soviel Bauten enthielte, wie das ganze Griechenland. Athen, für uns ein Bild unerhörter Fülle, war eine mittelgroße Stadt. Wieviel Bücher sind im ganzen Laufe der griechischen und römischen Geschichte wohl geschrieben worden? Wieviel literarische Werke hat uns das Mittelalter hinterlassen? Ja selbst die klassische Zeit der neueren Dichtung? Die Zahl wird klein, wenn wir damit vergleichen, was allein in Deutschland im Laufe eines Jahres hervorgebracht wird.

Wenige Werke also; so konnte die Kraft sich sammeln. Die Kraft des Volkes, meine ich. Denn ich glaube nicht, daß ein Volk von zwei Millionen doppelt so viel schaffende Kraft habe, wie das von einer. Mechanisch addierbare vielleicht; lebendig-schöpferische nicht. Zahlenmäßiges Wachstum mehrt nicht in gleichem Maße die Tiefe des Schaffens. Vielleicht die Kräfte der Leistung, die gemessen werden kann, nicht die der Schöpfung. Die kleinen Völker im Altertum und Mittelalter hatten gesammeltere schaffende Kraft als die großen der neuen Zeit. Es gibt Energie des Einzelnen als solchen; und gibt Energie der Ganzheiten als solcher. Hat ein Volk, hat die Menschheit unbegrenzte schöpferische Energie? Oder wird sie durch große Zahl der Individuen verdünnt? Stehen die individuelle und ganzheitliche Kraft in irgendeinem Verhältnis zueinander? Ist es für die Schaffenskraft des Einzelnen gleichgültig, ob es viele Einzelne gibt? Es ist ja sehr fragwürdig, an Leben und Geist mit Maßbegriffen heranzutreten. Aber da ist doch irgend etwas … Man fühlt es mehr, als daß man es klar sagen könnte. Das kulturelle Gesamtwerk unserer Zeit stellt eine ungeheure massenmäßige Leistung dar. Das eigentlich Schöpferische aber hat auf dem kleinen Raum etwa der griechischen Kultur eine ganz andere Tiefe und Kraft. Und weil weniger geschaffen wurde, konnten diese Kräfte sich reiner in's Werk sammeln. Es wurde gefüllter; voller durchgearbeitet. Die Formen, die von Generation zu Generation weitergegebenen Probleme gelangten zur Vollendung.

Das Schaffen ging auch langsam vor sich. Du erinnerst Dich aus »Dichtung und Wahrheit«, wie Goethes Vater sich sein Haus gebaut hat; wie alles lang überlegt wurde, alles wohl durchdacht und sorgsam hingestellt. Er war ein Sonderling, aber er hat doch wohl das allgemeine Zeitmaß nicht wesentlich überschritten. Wie lange baute man an einer Kathedrale! Wie langsam wuchs eine Stadt heran! Und im Großen gesehen: wie langsam lief die Geschichte; der Strom lebendiger Umprägung; der Wandel in den beherrschenden Typen, die Umbildung der Verhältnisse und Formen in Denken und Leben. Fast unmerklich steigt ein Stil heran, erreicht seinen Gipfel und sinkt. So konnten die typischen Gestaltungen der Kunst ausreifen, die Probleme des Denkens, die Weisen gesellschaftlicher Ordnung. Was an Möglichkeiten in ihnen steckte, konnte herausgeholt werden, ohne Zwang und Hast. Alles konnte wohl auswachsen, so wie ein Baum sich die nötige Zeit läßt und im Laufe des Jahres Blatt, Blüte und Frucht, im Wechsel der Jahre Stamm und Ast, und die ganze Gestalt hervorbringt. Die wirkenden Kräfte konnten voll zur Geltung kommen; Kräfte des Volkes, Einflüsse des Landes, lebendige, in der jeweiligen geschichtlichen Zeitlage gegebene Aufgaben.

Die verschiedenen Lebensinhalte fanden ihre zugeordnete Form. Palast wurde Palast, will sagen ein Wohnbau von innerlich großer Gestalt; Haus wurde Haus; Kirche wirkliche Kirche. Die lebendige Form des Festes, in Haltung und äußerer Erscheinung konnte sich entwickeln und schied sich klar von der des Alltags. Herrschen konnte wirkliches Herrschen werden und sich seine Form schaffen;

Gefolgschaft und Gehorsam die ihre. Die besonderen Inhalte der einzelnen Lebensbereiche hatten Zeit, klar hervorzutreten und ihren wesensgerechten Ausdruck zu finden.

Rangordnungen bildeten sich. Die einzelnen Berufe hatten ihren Wert und ihre Würde; das aber hinderte nicht, anzuerkennen, daß es höhere und tiefere gab. Ebensowenig, wie die letzte Gleichheit vor Gott es hinderte, daß sich Stände bildeten, als Träger aufsteigender geistiger Werte. Das Leben wurde kräftig gepackt, das Werk des Berufes getan. Das verleitete aber nicht dazu, Alltägliches und Erhabenes, Profanes und Heiliges zu vertauschen.

Es bildete sich geprägte Haltung und Gesinnungsform. Da waren feste Stände mit bestimmten Aufgaben, Rechten, Ehrbegriffen. Da waren Schulen mit lang entwickelten, zu lebendigem Vermögen verstetigten Überlieferungen. Da waren Werkhütten und Zünfte mit altüberkommenen Kenntnissen; mit zur Natur gewordenen Fertigkeiten des Arbeitens und Schaffens. Da waren alte Geschlechter, in deren leibhaftigem Lebensbestand sich bestimmte Wesens- und Wirkbilder herausgeformt hatten. Träger geschichtlicher Verantwortung. So bildeten sich von deutlichen und starken Inhalten gefüllte menschliche Typen aus; Typen des Schaffens, Leistens, Herrschens, Dienens, Genießens; durchgezüchtet und zu voller geschichtlicher Wirksamkeit fähig geworden.

In der Arbeit langer Generationen wurden Kräfte entwickelt und geformt. Nicht von einem Jahr auf das andere ist die ungeheure Kraft des bauenden Denkens entstanden, wie es uns in den großen Meistern des Mittelalters entgegentritt. So, wenn Bonaventura etwa in den »Vorträgen über das Sechstagewerk« – sie wurden vor einem erlesenen Kreise der Pariser Universität gehalten – erst einen Begriff in zwei gliedert, dann jeden weiter, die gewonnenen noch feiner, bis er schließlich zu achtundvierzig Unterabteilungen gelangt. Und wahrscheinlich trug er frei vor, rasch, so daß der arme Berichterstatter, der sie aufgezeichnet hat, schließlich irre wird, und mit seinem System durcheinander gerät. Jahrhunderte des Denkens, Hörens und Sprechens, zuchtvoller Übung haben gearbeitet, bis diese Kraft in lebendiges Sein überging. Nicht von heute auf morgen sind die architektonischen Kräfte der Baumeister des Mittelalters und ihrer Leute gewachsen; oder die Kräfte religiöser Konzentration in den Orden; oder die kriegerische Haltung der Ritter. Jahrhunderte haben daran gebildet. Soll der Befehl glaubwürdig werden und nicht den stoßen, der ihn hört, so muß man befehlsfähig sein. Um in einem Palaste wohnen zu können, muß man Herrenhaltung im Geblüt tragen. Wie widerlich, wenn hier in einer edlen Villa – die letzten Besitzer waren vielleicht ein altes Paar, das mit großer Dienerschaft lebte – wenn nun in den Räumen, nicht von dem Maß, aber von der Qualität der Größe durchtränkt, ein reich gewordener Herr X wohnt, sei er nun aus Amerika oder vom Balkan! Es steht ihm nicht. Er »wohnt« nicht in dem Hause. Er sitzt darin wie ein Schmarotzer in fremdem Gut. Aber freilich, daß er darin sitzt, das macht, daß die wahren Erben nicht hineinkönnen …

Und so ist es mit allem.

Lebendige menschliche Wesensbilder wuchsen heran, verkörpert in Haltung und Sein der Menschen. Die waren jenen Werken und Schöpfungen zugeordnet; brachten hervor, verstanden, genossen, lebten darin. Sie trugen jene Werke und Formen; sorgten dafür, daß sie ihren wesensgemäßen Sinn behielten; daß sie nicht mißbraucht, verschlissen, entweiht wurden.

Und endlich: eingewurzelt war alles. Es wuchs aus dem Boden, aus dem Land, aus diesem Land. Es wuchs aus der Geschichte. Die Überlieferung trug es, gar nicht besonders bewußt, als selbstverständliche Voraussetzung, und war in der Zeit, was Boden, Wasser und Luft im Raume waren.

Ein Doppeltes wurde so: ein geformtes Menschentum, langsam heraufgebildet zu klar entfalteten Gestalten; Träger durchgebildeter Kräfte des Schauens, Besitzens, Wohnens, des Denkens, Herrschens und Schaffens. Und, dem zugeordnet, geformtes Werk: ausgereifte, gefüllte Schöpfung. Nicht zahlenmäßige Fülle, aber intensive. Das Leben pulst bis ins letzte Glied. Die Mannigfaltigkeit des Lebens kommt in tausendfachen Einzelarten zu Geltung. Wird doch jedes Tor, jedes Gitter; jede Treppe, Sprichwort und Sitte, Amt und Überlieferung, einzeln aus dem Leben herausgetrieben und durchformt. So biegsam ist dieses Schaffen! Es schmiegt sich an den Boden, an den Ort, an den geschichtlichen Augenblick; es besondert sich in die verschiedenen Typen, Stände, Rangordnungen der Menschen, in die verschiedenen Gezeiten des Jahres. Und alles, Stoff, Arbeit und Gehalt, ist echt.

Das alles nun hat sich gewandelt durch eines: die Masse. Durch jenen Vorgang – eigentlich rätselhaft, denn die wirtschafts- und gesellschaftswissenschaftlichen Gemeinplätze erklären ihn wahrhaftig nicht! – daß auf einmal »die menschliche Substanz« sich ungeheuer ausdehnt, zahlenmäßig wächst. Möglich gemacht wird die Bevölkerungsvermehrung der letzten sechzig Jahre durch die Maschine. Sie wiederum macht Maschine möglich. Daraus wird aber ohne weiteres deutlich, daß nicht eines aus dem anderen erklärt werden kann. Mir scheint, jener Vorgang, der die Maschine schafft – ich komme noch darauf: daß organische Ordnung gesprengt, der Zusammenhang der Natur aufgebrochen und isolierte Kräfte entfesselt werden – dieser nämliche Vorgang bedeutet auch die Entfesselung der Vermehrungskraft des »Menschengewächses«.

Wie aber wirkt das? Es muß viel hervorgebracht werden, sehr viel und sehr rasch. Rasch hergestellt und rasch verbraucht. Auch letzteres; denn die Produktion will wieder aufnahmefähigen Markt. Entfesselte Produktion also; nicht vom organischen Spiel von Angebot und Nachfrage geregelte. Entfesselte Produktion, die dann mit allen Mitteln der List und Gewalt Verbrauch entfesseln muß. So kann nichts reifen. Alles muß schnell gehen, auf dem kürzesten, billigsten Wege, massenmäßig, unindividuell. Wieder bilden sich Typen aus; doch nein, Zerrbilder vom Typus:

Schemata. Die Form wird herausgefunden, die am raschesten und massenmäßigsten hergestellt werden kann. Kürzlich las ich, in einer maßgebenden amerikanischen Wirtschaftskörperschaft sei festgesetzt worden, von irgendeinem Artikel, ich glaube, es waren Fässer, dürften statt 70 oder 80 Größe- und Form-Typen nur noch ein Dutzend hergestellt werden. Standard: das ist die Richtung. Durch sein Werk und Buch hat Ford sie in allgemeinverständlicher Weise dargestellt. Die Gegenstände des Verbrauchers werden allmählich auf wenige, ganz praktische Typen gebracht: Fässer, Autos, Häuser, Kleider, Wörter, Schulen, schließlich auch Menschen. Gewiß, auch sie. Sieh Dich bloß in der »Welt« um! Dann kann die Fabrik in einem vollendeten Taylorsystem unbegrenzte Massen auf den Markt werfen, und alles persönlich durchseelte, individuell geformte Schaffen wird gründlich zu Ende sein.

Eine furchtbare Vermengung der Formen ist eingerissen. Sie haben keine Wurzeln mehr im Leben und dessen wesenhaften Gehalten. Wir bauen Theater mit Tempelformen, Banken wie Kathedralen, Miethäuser mit Palaststirn. Der Werktag nivelliert den Sonntag. Arbeit wird in Stökkelschuhen und seidener Bluse getan. Das Fest hat kein eigenes Gewand mehr. Der Herr sein will, macht sich – wie oft! – lächerlich, weil er keiner ist, sondern bloß Geld hat. Der mit bescheidenen Mitteln leben muß, nimmt Gewohnheiten an, die Reichtum und ein großes Haus voraussetzen; aber kein innerer Stil treibt ihn dazu. Jede Alltäglichkeit wird mit den ehrwürdigsten Worten gesagt. Zeitungsartikel werden in Denk- und Redeformen geschrieben, die, wenn sie Gehalt hätten, philosophischen Untersuchungen zukämen, oder hieratischen Texten. Feierliche Reden tragen das Gepräge des Marktes. Und so fort ins Endlose. Verbasterung überall. Verloren alle Rangordnung. Jeder glaubt sich berechtigt zu allem. Kein Gebundensein mehr durch das Wesen des Inhaltes, durch geschichtliche oder gesellschaftliche Würde der Form. Nichts ist mehr ehrwürdig. Alles vogelfrei. Nichts steht unantastbar. Jeder greift nach allem. Alle philosophischen Probleme, alle Kunst, alle geschichtlichen Ereignisse, alle Persönlichkeiten, bis in die letzte Verborgenheit von Erinnerung, Brief und Bekenntnis, jeder religiöse Wert bis zu den Zeugnissen tiefsten Geheimnisses – alles liegt auf dem Markt. Wie steigt einem der Ekel in den Hals! Wie verpöbelt ist unser Dasein, überall, auch in der Religion – denn mit der tiefen Gleichheit der Kinder Gottes und damit, daß ihnen »alles gehört», hat die Preisgabe aller *arcana,* der Einbruch von Lärm und Betrieb in die allein Wesen schaffende Stille doch wahrhaftig nichts zu tun! Wie man sich nach einer Arkandisziplin sehnt, die das Heilige vor dem Markte schützt! Aber auch vor dem Markt drinnen!

Und bliebe es nur beim Ekel. Aber welche Verwüstung geht vor sich! Der Nibelungenfilm mag technisch eine Glanzleistung sein, darum bleibt er doch ein Greuel. Schon Wagners Opern haben die Welt der deutschen Sage angefressen. Seit dem »Ring der Nibelungen« ist die Wälsungensage im geistigen Besitz des deutschen Volkes nicht mehr, was sie war, oder hätte werden können. Sie ist bereits aus der einsamen Größe der heroischen Sphäre ins Kitschige gezogen. Dieser Film führt das Werk der Zerstörung fort. Hat Sage eine Bedeutung, dann diese: heldenhaftes Dasein zu offenbaren. Was geschieht aber mit ihr, wenn eine moderne Romanschriftstellerin diese Welt in ein Filmbuch arbeitet, und der moderne Filmschauspieler mit seinem eitlen, kleinen Wesen jene Gestalten wiedergibt? Filmleute sind das dann auf der Wand, und wer die Bilder sieht und in die Seele läßt, dem ist das Nibelungenlied verloren. Gesprochen müßte es werden, gehört, und aus allem, was in den Seelen Heldenhaftes lebt, müßten die Gestalten aufsteigen. Kann das einer nicht, nun gut; dann sind sie für ihn eben nicht da. Das ist die Aristokratie des Kunstwerkes. Es erwacht nicht für den, der ihm nicht irgendwie verwandt ist. Hier aber wird alles verkitscht, und um so rettungsloser, je technisch vollkommener. So geschieht's mit allem. Was der Film an Gestalten der Geschichte oder Kunst erfaßt, zerstört er. Alles zieht er in die Sphäre des Kitsches, das ist, in die Reichweite der Masse. Ich begreife nicht, wie man hier Werte sehen kann! Leistete der Film nur, was in den üblichen Verarbeitungen literarischer Kunstwerke und historischer Vorgänge geschieht, dann wäre er nichts als Verpöbelung des Wertvollen. In Wahrheit liegt sein eigentliches Wesen auf ganz anderer Ebene. Und wollte ein Filmtheater das zeigen, was eigentlich Schaffensaufgabe des Filmes ist, dann würde es bald vor leeren Bänken spielen.

Nimm das religiöse Schauspiel, die üblichen Mysterien. Noch ein paar Jahre Mysterienspiel, noch ein paar Jahre »Legende« und religiöse Lyrik, und unser Glaubensleben hat keine heile Gestalt mehr! Was ist das Geschehen der Weihnacht noch, wenn es in hundert süßlichen Krippenspielen verraspelt wird? Wie werden alle Geheimnisse des Glaubens in Hymnen und Legenden herumgezerrt! Vielleicht sagt Einer, das sei Schwäche; man dürfe sich jene Gestalten nicht zerstören lassen. Aber ich sehe und höre, und der Kitsch ist zäh wie Fliegenkleister. Er klebt sich ins Gehirn, und unendliche Mühe muß man aufwenden, bis man ihn wieder los ist. Denke nur an die furchtbaren religiösen Bilder in Kirchen, Kalendern und frommen Büchern aller Art. Wie ist einem die Gestalt Christi verwüstet worden, daß man Jahrzehnte brauchte, bis man die klebrige Unnatur losgebracht hatte!

Oder die Sprache, das Wort! Zeitung, Plakat, Reklame und Rede sind an der Arbeit und wüsten. Noch vor einigen Jahren war das Wort »edel« etwas Köstliches. Man brauchte es sparsam. Man wußte, damit kannst du sagen, was selten ist, einsam, vornehm. Heute ist das Wort versudelt. Mit Edelgasen hat es angefangen, kam dann zu Edelkommunisten und Edelstahl. Nun ist es beim Edelschnaps geendet. Aber mir geht etwas verloren, wenn ein Wort, für das es keinen Ersatz gibt, in jedem Straßenbahnwagen durch die grelle Frechheit eines Likörplakats gezerrt wird! Was ist aus dem Wort »Mensch« geworden! Aus den Worten »Leben«, »Wert»! Und so fort. Eine einzige Reihe von Verwüstung! Wie werden die heiligen Worte zerstört: Offenbarung, Gnade, Gottmensch. Gar »Gott« selber! Mit welcher Schamlosigkeit werden sie herumgezogen! Dienstbar gemacht den nichtigsten Belangen des ersten besten Schreibers, der irgend ein Gedänklein aufbauschen will.

Mir ist, als sei unser Erbe zwischen die Steine einer ungeheuren Maschine gekommen, die nun alles zerreibt. Arm werden wir, ganz arm! Was nicht ganz echt ist, in sich und in unserer Seele, geht zu Grunde. Aber es wird wohl so sein müssen. Vielleicht kommen wir nicht anders zu wirklicher Wesenhaftigkeit. Verwüstet Dinge, Worte, Formen. Verwüstet auch die Menschen. Leute regieren, und wie viele haben die lebendige Haltung dessen, dem man das Regieren zugesteht? Leute wohnen in Häusern und sind ihnen nicht gewachsen; sitzen bloß darin, wie in schlecht passenden Anzügen, die anderen gehören. Leute genießen, und ein unappetitliches Schmatzen wird hörbar. Leute befehlen, und man spürt die innere Unsicherheit, den Krampf, die Anmaßung. Leute wollen autonom sein, und es ist nur eine kleine Revoluzzerei. Leute sprechen über hohe Dinge, religiöse, philosophische, aber ihr Reden hat sich verirrt, es gehört in die Zeitung. Leute kritisieren; aber frage sie einmal nach ihrer Legitimation, wie lange es her ist, seit sie das Denken begonnen haben, und ob sie schon selbst in der Zucht des Schaffens gestanden … Und so geht's fort. Aber es soll genug sein. Sieh, alles, wovon die früheren Briefe sprachen, erhält erst hierdurch seine letzte ätzende Häßlichkeit.

Glaube, mir ist nicht literarisch zu Mute. Ich wollte, diese Dinge gingen mir weniger nahe.

Walter Rathenau hat ein furchtbares Buch geschrieben: »Die neue Gesellschaft«. Da spricht er von der Völkerwanderung von unten herauf. Deren Zerstörung werde unabsehbar sein, weil viele der Heraufsteigenden so ganz enterbt waren, daß ihnen, was uns als Kitsch abstößt, noch ferne winkende Herrlichkeit ist. An dieses taste ich nicht. Davor darf man nur Schuld fühlen. Auch habe ich hier nur von der Zerstörung gesprochen, die aus der Masse kommt. Ich weiß, was da heraufdrängt, hat auch Anderes in sich. Was in unsere Kultur als Masse eingebrochen ist, trägt auch einen anderen Namen. Etwas Großes, Kommendes, das deutlich wird, später einmal ... Doch jetzt steht es so. Und können wir leben in dieser Verwüstung?

VIII

Lieber Freund!

Mir liegt viel am heutigen Brief. Hoffentlich gelingt es mir, zu sagen, was ich meine.

Zwischen den beiden Armen des Comer Sees streckt sich eine schmale Landzunge hinaus. Auf ihrer sich erhöhenden Spitze – sie ist von schönen Bäumen bedeckt, und wenn man auf dem Wasser herankommt, meint man ein altes Bild von Koch zu sehen – stand einst die Burg der Serbelloni, ein altes Raubnest, in den See hinausgerichtet. Nun ist es zerstört. Nach hinten hin gewendet, auf die rücklaufende Landzunge selbst, liegt noch die Villa Serbelloni, jetzt ein Hotel, trotzdem noch von erlesenem Reiz. Die ganze Landzunge zeigt alte Kultur. Ich komme gerade von einem langen, schweigenden Gang zwischen den Hügeln von Bellagio und San Giovanni, die Seele ganz voll von der Kraft und dem Wohllaut, die hier zu Bauten geworden sind, zu Gärten, zu Mauern und Wegen. Und alles hat mich auf die Frage hingedrängt: Was ist doch das tiefste Wesen dieser – und der ganzen alten Kultur?

Mir schien, es sei dies: daß sie vom lebendigen Menschen her geschaffen ist, und aus einem letzten Zusammenhang mit der Natur heraus. Ich will versuchen, ob ich deutlich machen kann, was ich meine. Es begreift alles Bisherige ein.

Mir scheint, was der Mensch schuf, und womit er sich umgab, und was er tat, seine Einrichtungen, seine Werke, das ganze Zeitmaß des Geschehens – alles war vom Wesen und vom Gesetz seines lebendigen Bestandes her bestimmt. Der Leib mit seinen Gliedern und Organen; die Seele mit ihren offenbaren und verborgenen Kräften, davon ist alles bestimmt. Der lebendige Mensch ist es, der aufnimmt, wirkt, zufaßt, schafft und besitzt. Der einzelne und die menschliche Gesellschaft: Familie, Gemeinde, Staat, Kirche. Denn was ich meine, gilt auch von den sozialen Ordnungen, Vorgängen und Formen.

Wohl braucht der Mensch Werkzeuge, Hilfsmittel, in großer Zahl und feinster Zurichtung. Doch sie bleiben stets Unterstützung; sie weiten nur den Wirk- und Aufnahmekreis der natürlichen menschlichen Organe aus; helfen ihnen, feiner und genauer zu sehen, zu hören, zu wirken, zu fassen und zu herrschen. Immer aber bleiben diese Mittel in das lebendige Spiel der menschlichen Einheit eingebaut. Immer bleibt eine Grenze gewahrt, innerhalb derer noch unmittelbar-lebendige Durchführung möglich ist. Ich kann nicht sagen, wo sie liegt, spüre sie aber. Ich weiß auch nicht, ob es wirklich ein Maßempfinden war, was die Menschen hinderte, jene Grenze zu überschreiten, ein bewußter oder unbewußter Wille, ein letztes Gefühl für Selbstbeschränkung, oder aber einfach technisches Noch-nicht-können. Jedenfalls ist die Grenze da. Ich glaube wohl, hin und wieder gespürt zu haben, wie es nahe daran war, daß sie durchbrochen wurde. So einmal in den Thermen des Caracalla in Rom. Da war mir, als gehörten diese Räume eigentlich in unsere Zeit herüber. Auch die letzte Stufe der Ausdehnung und Organisation des römischen Reiches weckt dieses Empfinden. Vielleicht waren die Römer überhaupt daran, jene Grenzen zu sprengen; vielleicht standen sie hart am Mechanischen. Ähnliches habe ich auch in der Peterskirche empfunden. Der Raum wirkt im Letzten unlebendig; vielleicht weil hier das »organische Maß« von Menschen überschritten wurde, die es noch nicht durften. So ließe sich wohl noch manches aufführen. Doch im allgemeinen ist die Grenze gewahrt, das macht, daß alles, was die alte Kultur hervorgebracht hat – sie geht aber bis in die Mitte des vergangenen Jahrhunderts –, menschlich bleibt. In ihren Maßen, in ihrer Dynamik, in ihren Verhältnissen ist sie vom Menschen her bestimmt; ohne weiteres und ganz konkret vom Menschen durchseelt, und für ihn durchwohnbar. Sie trägt den Menschen, steigert ihn, bleibt aber innerhalb der Reichweite eines letzten Maßes.

Und diese Kultur ist natürlich. Wohl bedeutet alles menschliche Schaffen, daß ein Ding aus dem unmittelbaren Naturzusammenhang herausgenommen und in den Bereich des Künstlichen gestellt werde. Aber alles alte Schaffen ließ die Dinge in einer letzten Naturnähe. Es ist, als ob die Naturkräfte sie noch ungehemmt durchfließen könnten; als ob die Dinge nur zum Teil herausgenommen würden, blieben aber im Wichtigsten verwurzelt; als ob sie herausgehoben würden, und dann ließe die Hand sie wieder in das Grundgeflecht zurücksinken.

So kann alles menschliche Schaffen: Bau, Werk, Gerät und Kleidung; Bewegung, Lebensordnung, Sitte und Brauch, sich ohne weiteres in die Natur einfügen. Es stört diese nicht in ihrem letzten Sinne; sprengt sie nicht. Es bleibt immer irgendwie natürlich und vermag sich – ohne alle Vermengung; denn Natur und Kultur sind zweierlei und müssen es bleiben – mit der Natur zu verbinden; vermag Ton in Ton zu setzen, und es gibt Einklang.

Ich habe das gerade in diesen Tagen so tief erlebt. Drunten in einem düsteren Winkel des Sees steht die Villa Pliniana. Ein ernster Renaissancebau. Eine Art Schlucht schneidet in den Berg, uralte Zypressen darin, und hineingefügt die Villa. Man kommt vom See her, landet, steigt einen gedeckten Treppengang hinauf, und gelangt auf eine Terrasse. Tritt dann durch einen Vorraum in die eigentliche Villa, und hört ein Rauschen; kommt in die Loggia, die, von drei edel geformten Bögen getragen, steil in den See abfällt, und immer stärker wird das Rauschen. Bis man sich umwendet und sieht, wie das Haus eng an den Felsen gebaut ist; aus dem springt eine Quelle, die mehrmals am Tage steigt und wieder sinkt. Sie ist die eigentliche Herrin des Hauses, und wer eintritt, ist bei ihr zu Gast. Wahrlich ein »pensiero magnifico«, groß und würdig.

Und nun ein Gegenstück, »voll großer Sonne«, wie der Italiener sagen würde. Wenn man vom See her in San Giovanni anlegt, an einer Terrasse, auf der jetzt ein Steinmetz seine Werkstatt hat, dann sieht man eine schön gebaute Treppe ans Land steigen. Geht hinauf, über die Straße weg, die am Ufer entlangläuft, und steht vor zwei schlichten Säulen. Zwischen ihnen hindurch sieht man eine Anhöhe vor sich. Acht Ansätze führen hinauf. Jedesmal zehn Schritte geradeaus, dann fünfzehn fein profilierte Stufen, in den Rasen rechts und links hineingebettet. Acht solcher Ansätze sind es. Der gesamte Anstieg, dessen Mittelstück jener Stufenweg bildet, hat dreißig Schritte Breite. Zu beiden Seiten steigen Zypressen mit, zum Teil uralt, dunkel, gegen den blauen Himmel. Und droben stehst Du am Anfang einer großen Straße, ebenfalls dreißig Schritte breit, mit Gras bewachsen, bis auf einen schmalen Pfad zur Linken. Sie führt fünfhundert Schritte, zwischen lauter ansteigenden Fruchtgeländen, von einer niedrigen, ganz mit Glyzinien übersponnenen Steinmauer gefaßt, auf die Villa Giulia hin. Wie war das Steigen köstlich, und unaussprechbar herrlich das Schreiten! Von Größe umgeben, von Weite, von Himmel und Sonne und Fruchtbarkeit, und alles durchleuchtet von der inneren Kraft der Gestaltung! Und bist Du am Ende, so stehst Du vor einem niedrigen, nach vorn herausgeschwungenen Gitter von äußerster Einfachheit. Ein großer Gartenraum tut sich auf in langem Oval. Darin gar nichts, als ein ringsum laufender Weg, der am äußeren Rande von Magnolienbäumen eingefaßt ist, und in der Mitte ein flaches, rundes Brunnenbecken. Sonst nichts. Nur Raum. Die Villa aber von solcher Einfachheit, daß Du staunst. Und siehst Du Dich um, dann bist Du über die ganze Landzunge hinweggeschritten, und stehst nun an der anderen Seite. Die Villa schaut von da über den zweiten Arm des Sees hinüber auf die steilen, sonnenverbrannten Berge von Lecco. Die ganzen Anlagen nur, damit der Mensch durch die Sonne schreiten könne, über die Höhe hin, in geformter Größe …

Spürst Du hier Natur und Menschenwerk vermählt? Aber vielleicht sagst Du, das seien auserlesene, seltene Werke. So will ich Dir von anderen erzählen. Wenn einer hier zwischen den Gärten geht, an den Höhen hinauf und hinab, zwischen den vielen Mauern – ich mußte an Manzonis »Verlobte« denken; zwischen diesen Mauern, die sich fortwährend wenden, könnten alle zwanzig Schritte so ein paar »bravi« stehen, wie sie auf den armen Don Abbondio warteten, ihm die große Unruhe in sein furchtsames Leben zu bringen! – wenn Einer hier geht, so wird ihm seltsam zu Mute. Ihm ist, als fange alles an, leise zu klingen. Auf weite Strecken hin sind die Wege Treppen, ganz flache Stufen, von runden Steinen gepflastert, damit die Esel mit ihren Lasten den Berg hinauf können. Wie diese Wege steigen, wie sie sich schwingen, wie sie den Berg hinauf gleiten, zwischen fortwährend sich verschiebenden Gartenmauern! Und auf beiden Seiten schauen aus geheimnisvoll-unzugänglicher Herrlichkeit – ganz sicher sind Herrlichkeiten hinter diesen Mauern! – Lorbeerbäume herüber, Oliven, Bambusstauden, Mimosen, und was sonst noch mit schlankem Wuchs aufsteigen mag, und zierliche Blätter tragen und duftende Blüten. Mir ist oft gewesen, als seien die Mauern und die gleitenden Wege lauter Musik. In allen Gliedern spürte ich sie, bis ins tiefste Geblüt. Was ist das?

Ja, und wieder einmal ging ich drüben auf der anderen Seite des Sees, wo keine Villen sind, sondern richtiges Bauernland; oft recht ärmlich, denn es liegt hoch, und bald kommt das Gebiet, wo die Leute nur vom Ertrag der spärlichen Weiden und von der Ernte der Kastanienwälder leben. Ich war oberhalb Regoledo herumgelaufen und kam durch ein kleines Nest, weiß nicht mehr, wie es hieß, die Namen sind hier oft seltsam. Der Weg kam auf den Dorfplatz, und ich blieb stehen, ganz gepackt von seiner Schönheit. Wirklich nichts Besonderes. Sollte das Dorf reich werden und einen modern angehauchten Schultheißen bekommen, dann wird der Platz sicher ruiniert. Ganz gewöhnliche, nur aus dem Gebrauch heraus gebaute Häuser, keines beworfen, sondern von unverhülltem Stein gemauert, wie er hier gebrochen wird. Aber wie sie die Häuser gegeneinander gestellt, wie sie den kleinen Platz angeordnet hatten, das war unerhört! Drei offene Straßen mündeten auf ihn, und zu einer vierten kam man unter einem Hause weg durch einen Torgang. Keine einzige tote Fläche. Jede Wand anders, alles in vollkommener Bewegung, sicher nur ein einziges Mal in dieser Weise geschaffen. Dergleichen siehst Du aber hier auf Schritt und Tritt, soweit nicht die moderne Zeit hineingegriffen hat. Und aus einem solchen Dorf gehst Du hinaus auf die Felder; in die Weinberge, in die lichten Haine, an den See, und alles ist verwandt.

Es verhält sich so, wie ich Dir sagte: alles ist vom Menschen her gebaut, darum menschlich durchaus. Und alles aus einem Zusammenhang mit der Natur her, und darum so tief natürlich.

Gerade das aber ist verlorengegangen.

Folgendes ist geschehen, scheint mir: jahrhundertlanges Streben nach Naturerkenntnis hat ein bestimmtes Maß rationaler Einsicht in deren Gesetzmäßigkeit gewonnen. Von da aus ist es gelungen, gleichsam den geschlossenen Zusammenhang der Natur aufzubrechen. Einzelne Kräfte, vor allem Dampf, Elektrizität und chemische Energie, sind aus ihrem natürlichen Zusammenhang herausgelöst worden. Ihr rationales Gesetz wurde erkannt und auf Grund dieser Erkenntnis ihre Wirksamkeit entfesselt. Und etwas im Menschen, eine ganz bestimmte, dieser rational entfesselten Naturenergie entsprechende Haltung, eine Gesinnung, eine Einstellung, eben der Wille zu mechanisch-rationalem Arbeiten, ist aufgesprungen und hat sich dieser Kraft zur Verfügung gestellt; hat ihr die geistige Ebene geschaffen, wo sie immer voller gesehen und zur Auswirkung gebracht wurde. Nun konnten sich die isolierten Naturkräfte auf Grund ihrer erkannten und freigegebenen rationalen Gesetzlichkeit auswirken, getragen von jenem neuen, spezifisch-mechanischen Willen. Wenn ich sage »mechanisch«, so meine ich nicht, er sei »materiell« gewesen. Eine ungeheure Geistigkeit steckt in diesem Willen. Allein er ist nicht organisch gerichtet; er wirkt sich nicht, wie der

Schaffenswille der voraufgegangenen Zeit, in den natürlichen Ordnungen der gegebenen Naturzusammenhänge aus; er hat nicht den organischen Aufnahme- und Auswirkungsbereich des Menschen zur Voraussetzung. Sondern sein Ausgangspunkt ist die isolierte, rational erfaßte und durch die Maschine – die ja nichts weiter ist als Apparat gewordene Rationalität! – wirksam gewordene Naturkraft. Damit kommt etwas Neues, eine ganze Welt von Werken, Zielsetzungen, Einrichtungen, Ordnungen, die nicht mehr vom lebendig-organischen Bestande des Menschen her bestimmt sind, sondern von der freigemachten Naturkraft her; von der rationalen Eigengesetzlichkeit dieser Naturkraft, die autonom und zwangsläufig ihren Weg geht, und sich um kein organisches Maß mehr kümmert. Beherrscht von einer menschlichen Haltung, die ebenfalls von einem solchen organischen Maß nichts mehr weiß; die sich nicht mehr durch die lebendige menschliche Einheit und deren organische Reichweite gebunden fühlt; ja solche Begrenzung, in welcher die frühere Zeit höchste Vollendung empfand, Weisheit, Schönheit, gerundete Lebensfülle, nun als klein, als eng empfindet. Ihr Wille, ihre Geistigkeit ist so geartet, daß sie sich nur in den grenzenlosen Möglichkeiten auswirken kann, wie sie durch die rational entfesselten und ebenso beherrschten, durch die maschinell gepackten und unter Zwecke gezwungenen Naturkräfte geschaffen werden. Was hier entsteht, ist nicht mehr vom Menschen her gebaut – jedenfalls nicht von dem Menschen, wie er bisher gelebt hat. Kein organisch-menschliches Raumbewußtsein, Formgefühl, Verhältnisempfinden herrscht mehr, sondern rationale, mechanische Konsequenz. Verschwunden das menschliche Maß. Es gibt kein Maß mehr, im Großen nicht, und nicht im Kleinen; nicht in der Masse, noch in der Dynamik. Unbegrenztes Auswirkungsfeld nach allen Seiten. Der aus allen organischen Bindungen herausgelöste Wille kann seine Ziele beliebig stecken, und von den rational beherrschten Naturkräften ihre Ausführung erzwingen.

Der lebendige Mensch ist dieser Zwangsläufigkeit ausgeliefert. Ausgeliefert der Willkür seiner eigenen, nicht mehr organisch gebundenen Zielsetzung.

Dieses Geschehen ist un-menschlich – wenigstens gemessen an dem Menschen, der bis dahin gelebt hat; ist unnatürlich, gemessen an der Natur, die bis dahin gewesen. Und Du fühlst, wie unaufhaltsam dieses Geschehen alles zerstört, was aus der alten Menschlichkeit und aus dem Zusammenhang mit der Natur geschaffen worden ist. Überall spürst Du, wie Stück um Stück zerbröckelt, Maß um Maß zersprengt, wie eine Schöpfung, eine Ordnung um die andere verschlungen wird. In Deutschland ist uns dieser Vorgang schon so vertraut, daß wir nicht mehr auf ihn achten. Nur wenn wir hin und wieder in ein altes Dorf, oder in eine noch nicht industriell durchsetzte Gegend kommen, sehen wir, was versunken ist. Hier in Italien spürt man diesen Einbruch überall. Noch härter muß es im fernen Osten sein, in Japan, in Indien, auf den Südseeinseln. Hier sind sicher in den letzten Jahrzehnten Dinge von unendlicher Kostbarkeit versunken.

Man erlebt den Untergang der alten Welt auf Schritt und Tritt. Die Wege, von denen ich Dir sprach, die alten Straßen, dulden nur ein bestimmtes Maß von Geschwindigkeit, erreichbar vom menschlichen Körper, vom Tier. Wenn aber, wie soeben, da ich dies schreibe, den fein geschwungenen Weg links von der Villa Melzi ein Motorrad heraufspektakelt, so ist im selben Augenblick das ganze wundervolle Ineinanderwirken von Menschenwerk und Natur zerstört. Diese Geschwindigkeit, dieser Lärm, dieser Gestank vernichten es. Und atmet man auch auf, wenn die Barbarei vorbei ist, so weiß man doch genau: sie wird das letzte Wort haben, und eines Tages werden diese Wege, diese Anlagen, werden Städte und Straßen und das ganze Bild der Landschaft so geformt sein, wie das Motorrad es will. In den Kanälen von Venedig geht es ja ebenso. Die Gondeln waren lautlos geglitten, hatten ein bestimmtes Maß von Bewegung, Bau und Fundamente der alten Stadt waren ihnen gemäß. Nun fahren die Motorboote, knattern und geben üblen Geruch. Ihre Form ist elegant, aber von einem ganz anderen Grundgefühl her, als jenes, das die Paläste gebaut hat. Und ihre Geschwindigkeit sprengt das innere Maß der alten Stadt. Es ist tief symbolisch, daß der harte kurze Schlag ihrer Wellen von den Fundamenten der Häuser nicht vertragen wird. Die moderne Technik wird die Stadt vielleicht noch konservieren; in Wahrheit hat das Motorboot sie zerstört, und was dasteht, ist ein Museumsding.

So geht's mit allem. Das Zeitmaß unseres Lebens, die Weise unserer Arbeit, die Form unserer Gesellschaft, die Struktur unseres staatlichen und politischen Geschehens, der Apparat unseres wirtschaftlichen Betriebes, alles stößt wider die alten Formen, ist fremd darin, und wenn es sich einnistet, so werden sie gesprengt. Und jene alten Formen, Werke und Ordnungen werden fremd in unserer Zeit. Sprache, gesellschaftliche Struktur, Bauten, Geräte, Sitten – sie stehen unter uns wie ein köstliches Erbstück aus vergangenen Tagen, und all unsere Sorge darum hat etwas von jener Art, wie man alte Dinge behandelt, behutsam und auch wieder mit einer leisen Geringschätzung als gegen ein nicht mehr Lebendiges.

Unsere Zeit ist anders. Und nicht nur anders in der Weise, wie etwa die Renaissance gegenüber dem Mittelalter anders war. Der Unterschied geht außer allem Vergleich tiefer. Mir ist manchmal, als liege die Wasserscheide der Zeiten um 1830 bis 1870. Alles Frühere, mögen die Unterschiede noch so groß sein, gehört doch irgendwie zusammen. Es ist getragen von einer gleichen, menschlichen Grundhaltung; gebunden durch das nämliche, menschliche Maß; eingeordnet in die ihren Maßstab bewahrende Natur. Was nachher kommt, scheint durch grund-andere Haltung bestimmt: durch den Willen zu selbstherrlicher Zwecksetzung, unabhängig von allen organischen Bindungen, auf der Grundlage der rational aufgebrochenen und maschinell dem zwecksetzenden Willen dienstbar gemachten Kräfte.

Bibliographische Notiz

Tagebuch
Aus: Romano Guardini, In Spiegel und Gleichnis. Bilder und Gedanken (Romano Guardini Werke), Mainz/Paderborn 1990

Erstveröffentlichung der einzelnen Beiträge:
Tagebuch: Im Engadin, in: Der neue Ring, 1, 1928, 51–52
Tagebuch: Aus Oberitalien, in: Der neue Ring, 1, 1928, 155–159
Tagebuch: Torcello, in: Die Schildgenossen, 8, 1928, 62–65
Tagebuch: Ravenna, in: Die Schildgenossen, 9, 1929, 160–163
Tagebuch: Stille Freunde, in: Die christliche Frau, 25, 1927, 371–375
Tagebuch: Reise nach Sizilien, in: Die Schildgenossen, 9, 1929, 445–469

Briefe vom Comer See
Aus: Romano Guardini, Die Technik und der Mensch. Briefe vom Comer See (Topos-Taschenbücher, Bd. 108), Mainz ²1990

Zuerst erschienen als Aufsatzfolge unter dem Titel „Briefe aus Italien“, in: Die Schildgenossen, 4, 1924, 335–342; 435–442, und: Die Schildgenossen, 5, 1925, 155–167; 351–361

Weitere Taschenbücher von Romano Guardini

Die Annahme seiner selbst
Den Menschen erkennt nur, wer von Gott weiß
Topos Taschenbuch 171
80 Seiten. Kartoniert.
ISBN 3-7867-1315-4

Briefe über Selbstbildung
Bearbeitet von Ingeborg Klimmer
Topos Taschenbuch 146
192 Seiten. Kartoniert.
ISBN 3-7867-1150-X

Engel
Theologische Betrachtungen
Topos Taschenbuch 252
96 Seiten. Kartoniert.
ISBN 3-7867-1871-7

Das Gebet des Herrn
Topos Taschenbuch 75
96 Seiten. Kartoniert.
ISBN 3-7867-0702-2

Weitere Taschenbücher von Romano Guardini

Geistliche Schriftauslegung
Topos Taschenbuch 231
104 Seiten. Kartoniert.
ISBN 3-7867-1696-X

Der Kreuzweg unseres Herrn und Heilandes
Topos Taschenbuch 212
72 Seiten. Kartoniert.
ISBN 3-7867-1583-1

Die Lebensalter
Ihre ethische und pädagogische Bedeutung
Topos Taschenbuch 160
104 Seiten. Kartoniert.
ISBN 3-7867-1256-5

Die letzten Dinge
Die christliche Lehre vom Tode, der Läuterung nach dem Tode, Auferstehung, Gericht und Ewigkeit
Topos Taschenbuch 192
132 Seiten. Kartoniert.
ISBN 3-7867-1445-2

Erschienen im:
Matthias-Grünewald-Verlag, Mainz

Weitere Taschenbücher von Romano Guardini

Nähe des Herrn
Betrachtungen über Advent, Weihnachten, Jahreswende und Epiphanie
Topos Taschenbuch 242
96 Seiten. Kartoniert.
ISBN 3-7867-1793-1

Der Rosenkranz Unserer Lieben Frau
Topos Taschenbuch 181
88 Seiten. Kartoniert.
ISBN 3-7867-1378-2

Der Sonntag, gestern, heute und immer
Topos Taschenbuch 228
96 Seiten. Kartoniert.
ISBN 3-7867-1670-6

Die Technik und der Mensch
Briefe vom Comer See
Mit einem Nachwort von Walter Dirks
Topos Taschenbuch 108
96 Seiten. Kartoniert.
ISBN 3-7867-0909-2

Weitere Taschenbücher von Romano Guardini

Vom Leben des Glaubens
Topos Taschenbuch 124
88 Seiten. Kartoniert.
ISBN 3-7867-1040-6

Vom Sinn der Schwermut
Topos Taschenbuch 130
108 Seiten. Kartoniert.
ISBN 3-7867-1073-2

Von heiligen Zeichen
Topos Taschenbuch 220
82 Seiten. Kartoniert.
ISBN 3-7867-1622-6

Wunder und Zeichen
Topos Taschenbuch 208
84 Seiten. Kartoniert.
ISBN 3-7867-1548-3